TROISIÈME · NIVEAU

Le français par étapes

Jeannette Bragger & Donald Rice

The Pennsylvania State University

Hamline University

ON Y VA!

TROISIÈME * NIVEAU

Le français par étapes

HH HEINLE & HEINLE PUBLISHERS, INC.
Boston, Massachusetts 02116 USA

Publisher: Stanley J. Galek
Editorial Director: Janet L. Dracksdorf
Associate Editor: Sharon Buzzell
Assistant Editor: Julianna Nielsen
Production Coordinator: Patricia Jalbert
Project Management: Spectrum Publisher Services
Manufacturing Director: Erek Smith
Cover and Text Design: Marsha Cohen/Parallelogram
Photographer: Stuart Cohen
Illustrator: Jane O'Conor
Art Director: Len Shalansky

Manufactured in the United States of America.

ISBN 0-8384-1925-9

10 9 8 7 6 5 4 3 2

Printed in the United States of America.

To the student

As you move on in your study of French, you will continue to rediscover how much you already know and to develop your ability to build on this prior knowledge. By now, you know how to talk about yourself, your family, your home, and your friends; you can get around town, find lodging, use the subway, give and get directions; you are able to make a variety of purchases in different kinds of stores; you know how to interact with others about leisure-time and vacation activities; you can talk about health and physical fitness; you are familiar both with Paris and with France; and you have learned to use the appropriate language in a variety of social interactions.

In Level Three of **On y va!,** your cultural knowledge will include the Francophone world with its varied customs and points of interest as well as some aspects of France's cultural past. You will learn how to talk about and to purchase clothing; you will be able to make travel plans using trains, planes, and cars; you will learn more about French food and about how to act appropriately both in a restaurant and at a family dining table. *Once again, the most important task ahead of you is NOT just to gain more knowledge about French grammar and vocabulary, but most importantly to USE what you do know as effectively and as creatively as you can.*

Communication in a foreign language means *understanding* what others say and *transmitting* your own messages in ways that avoid misunderstandings. As you learn to do this, you will make the kinds of errors that are necessary to language learning. DO NOT BE AFRAID TO MAKE MISTAKES! Instead, try to see errors as positive steps toward effective communication. They don't hold you back; they advance you in your efforts.

On y va! has been written with your needs in mind. It places you in situations that you (as a young person) might really encounter in a French-speaking environment. Whether you are working with vocabulary or grammar, it leads you from controlled exercises (that show you just how a word or structure is used) to bridging exercises (that allow you to introduce your own personal context into what you are saying or writing) to open-ended exercises (in which you are asked to handle a situation much as you might in actual experience). These situations are intended to give you the freedom to be creative and express yourself without anxiety. They are the real test of what you can DO with the French you have learned.

Learning a language is hard work, but it can also be lots of fun. We hope that you find your experience with **On y va!** both rewarding and enjoyable.

Table des matières

Unité deux   On voyage!   /   109

Ouverture culturelle: Les vacances

Unité quatre On prend le dîner / 279

Ouverture culturelle: La gastronomie

Acknowledgments

Creating a secondary language program is a long, complicated, and difficult process. We must express our great thanks first of all to our editor, Janet Dracksdorf—who patiently, sometimes nervously, but always very supportively guided the project from its inception through to its realization. She and our associate editor, Sharon Buzzell, probably know **On y va! Troisième niveau** as well as we do. We would also like to thank our assistant editor, Julianna Nielsen, our production manager, Pat Jalbert; our copy editor, Cynthia Fostle; as well as our designer, Marsha Cohen; our photographer, Stuart Cohen; and our illustrator, Jane O'Conor. All of these people worked very closely and very ably with the actual book that you are now holding in your hands. We would be remiss, however, if we did not also point out the help of those behind the scenes—in particular, Charles Heinle, Stan Galek, José Wehnes Q., and Elaine Leary.

We also wish to express our appreciation to teachers Lynn Moore-Benson, Mary Harris, Toni Theisen and Joseph Martin for their special help on **On y va! Troisième niveau.**

Finally, our special thanks go to Baiba and Mary, who have continued to offer us the support and encouragement that are so important for our morale. As for Alexander (age 6) and Hilary (now 1½ years old), we hope that they both will have the chance to learn French from **On y va!** when they get to high school!

J.D.B.
D.B.R.

The Publisher and authors wish to thank the following teachers who pilot tested the **On y va!** program. Their valuable feedback on teaching with these materials has greatly improved the final product. We are grateful to them for their dedication and commitment to teaching with the program in a prepublication format.

David Hamilton
Lynn Nahabetian
Ada Cosgrove Junior High School
Spencerport, NY

Beth Harris
Alief ISD
Houston, TX

Beryl Hogshead
Elsik High School
Houston, TX

Sandy Parker
Michele Adams
Hastings High School
Houston, TX

Donna Watkins
Holub Middle School
Houston, TX

Janet Southard
Olle Middle School
Houston, TX

Floy Miller
Boston Archdiocese Choir School
Cambridge, MA

Geraldine Oehlschlager
Central Catholic High School
Modesto, CA

Mary Lee Black
Sacred Heart
Danville, VA

Joyce Goodhue
Verna Lofaro
Cherry Creek High School
Englewood, CO

Renée Rollin
Valentine Petoukhoff
Cherry Hill East High School
Cherry Hill, NJ

Linda Dodulik
Beck Middle School
Cherry Hill, NJ

Judith Speiller
Marta De Gisi
Mary D. Potts
Andrea Niessner
Cherry Hill West High School
Cherry Hill, NJ

Ann Wells
Carusi Junior High School
Cherry Hill, NJ

Yvonne Steffen
Hogan High School
Vallejo, CA

Cynthia DeMaagd
Holland Junior High School
Holland, MI

Galen Boehme
Kinsley High School
Kinsley, KS

Mary Harris
LSU Laboratory School
Baton Rouge, LA

Shirley Beauchamp
Pittsfield High School
Pittsfield, MA

Paul Connors
Lynn Harding
Randolph High School
Randolph, MA

Nicole Merritt
San Mateo High School
San Mateo, CA

Jane Flood
Marge Hildebrandt
Somers High School
Lincolndale, NY

Joseph Martin
St. Ignatius High School
Cleveland, OH

Analissa Magnelia
Turlock High School
Turlock, CA

Peter Haggerty
Sylvia Malzacher
Wellesley High School
Wellesley, MA

Lynn Moore-Benson
Linda Zug
Wellesley Middle School
Wellesley, MA

The publisher and authors would also like to thank the following people who reviewed the **On y va!** program at various stages of its development. Their comments and suggestions have also been invaluable to us.

Virginia Duffey (Riverside Sr High School, Riverdale, GA); Charlotte Cole (Walpole High School, Walpole, MA); Mary Hayes (Wellesley High School, Wellesley, MA); Claire Jackson (Newton High School South, Newton Center, MA); Janet Wohlers (Weston High School, Weston, MA); Gail Connell (Enloe High School, Raleigh, NC); Pam Cross (Cary High School, Cary, NC); Bettye Myer (Miami University, Oxford, OH); Mary Troxel (Hamilton High School, Oxford, OH); Nancy Gabel (Strath Haven High School, Wallingford, PA); Diana Regan (John Bartram High School, Philadelphia, PA); Mary Flynn (H. B. Woodlawn Program, Arlington, VA); Kathy Hardenbergh (Millard South High School, Omaha, NE); Beth Llewellyn (Southwest High School, Ft. Worth, TX); Karen Neal (J. J. Pearce High School, Richardson, TX); Theresa Curry (Berkner High School, Richardson, TX); Linda Robertson (Bolton High School, Alexandria, LA); Pamela Raitz (Louisville Collegiate School, Louisville, KY); Jane Baskerville (Chesterfield Public Schools, Chesterfield, VA); Fran Maples (Richardson School District, Richardson, TX); Annette Lowry (Ft. Worth ISD, Ft. Worth, TX); Kathleen Riordan (Springfield Public Schools, Springfield, MA); Joan Feindler (The Wheatley School, Old Westbury, NY); Marilyn Bente (San Diego City Schools, San Diego, CA); Robert Decker (Long Beach Unified School District, Long Beach, CA); Kaye Nyffeler (Millard Sr. High School, Omaha, NE); Carmine Zinn (Pinellas County School District, Largo, FL); Michelle Shockey (Henry M. Gunn High School, Palo Alto, CA); Mary de Lopez (La Cueva High School, Albuquerque, NM); Al Turner (Glenbrook South High School, Glenview, IL); Doris Kays (Northeast ISD, San Antonio, TX); Mary Francis Crabtree (Glenbrook South High School, Glenview, IL); Marilyn Lowenstein (Hamilton High School, Los Angeles, CA); Kathleen Cook (Cheyenne Mt. High School, Colorado Springs, CO)

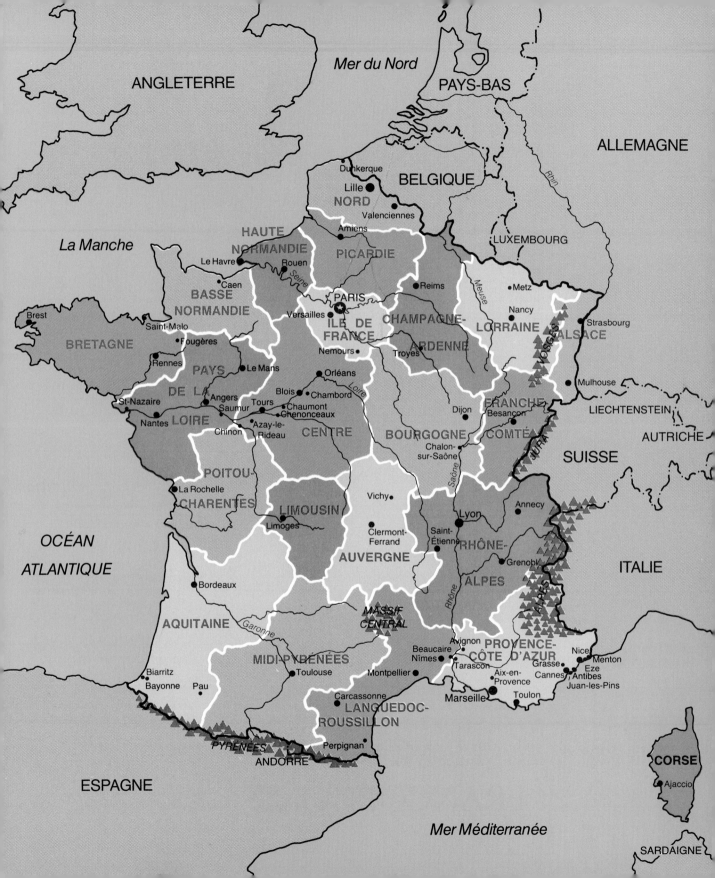

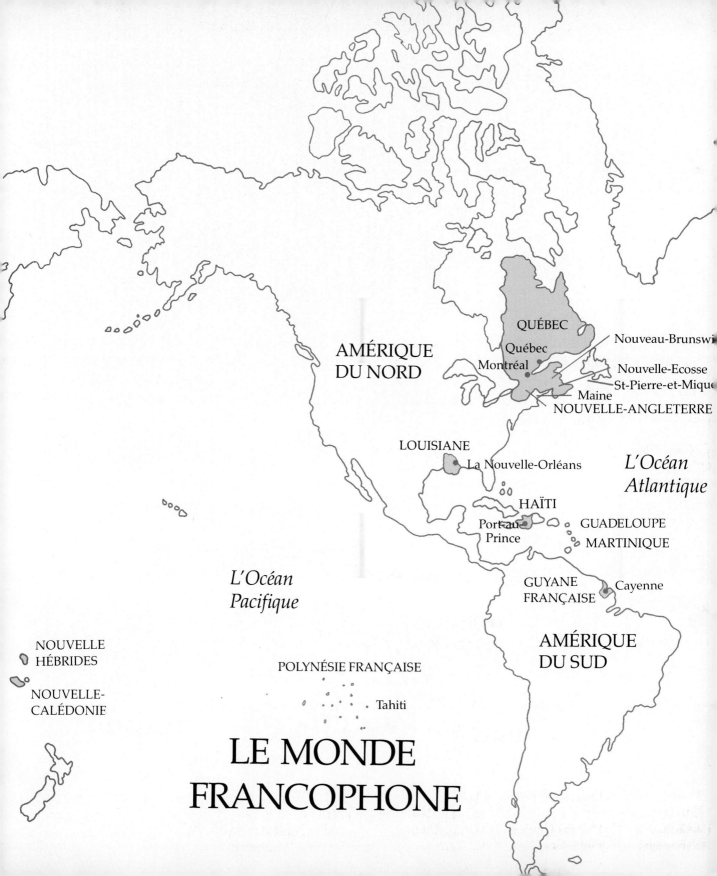

AMÉRIQUE
DU NORD

QUÉBEC

Québec
Montréal

Nouveau-Brunswi

Nouvelle-Ecosse
St-Pierre-et-Mique
Maine
NOUVELLE-ANGLETERRE

LOUISIANE

La Nouvelle-Orléans

L'Océan
Atlantique

HAÏTI

Port-au-
Prince

GUADELOUPE

MARTINIQUE

L'Océan
Pacifique

GUYANE
FRANÇAISE

Cayenne

AMÉRIQUE
DU SUD

NOUVELLE
HÉBRIDES

NOUVELLE-
CALÉDONIE

POLYNÉSIE FRANÇAISE

Tahiti

LE MONDE
FRANCOPHONE

ASIE

EUROPE

Bruxelles
rsey
Paris
FRANCE
NACO
RRE
BELGIQUE
LUXEMBOURG
Genève
SUISSE
Val d'Aoste
CORSE

bat
OC
Alger
Tunis
TUNISIE
LIBAN

ALGÉRIE

1
2
3
15
8
7
10
18 9
11
12 13
14
16
17

AFRIQUE

LAOS
Hanoi
Vientiane
CAMBODGE
Pondichéry
Phnom Penh
VIÊT-NAM

ÎLES SEYCHELLES
ÎLES COMORES

L'Océan
Indien

ÎLES MAURICE
RÉUNION
RÉPUBLIQUE
DÉMOCRATIQUE DE MADAGASCAR

AUSTRALIE

Tananarive

1. Mali	5. Mauritanie	9. Bénin	13. Congo	17. Burundi
2. Niger	6. Guinée	10. République Centrafricaine	14. Zaïre	18. Togo
3. Tchad	7. Côte-D'Ivoire	11. Cameroun	15. Djibouti	
4. Sénégal	8. Burkina-Faso	12. Gabon	16. Rwanda	

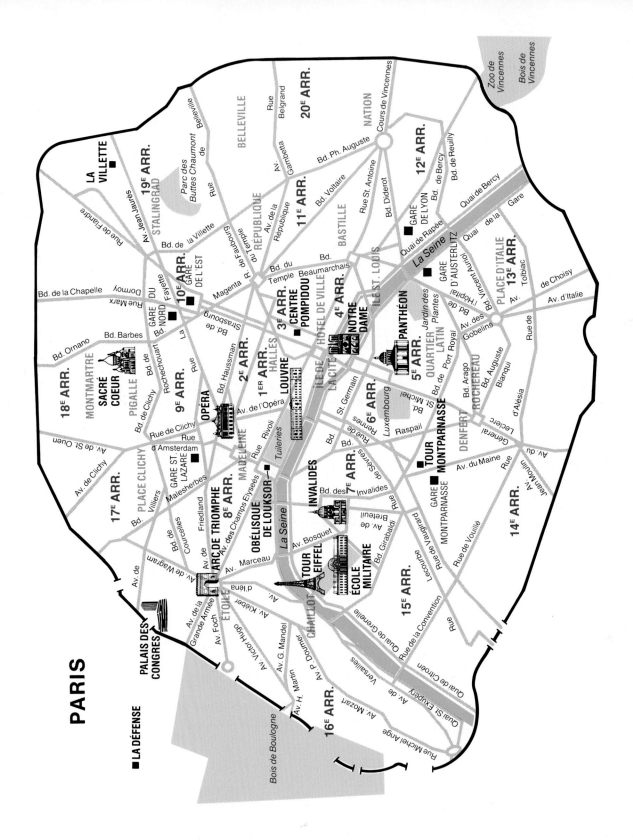

ON Y VA!

TROISIÈME • NIVEAU

Le français par étapes

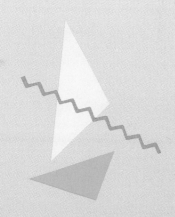

Chapitre préliminaire

On revoit

Objectives

In this preliminary chapter, you will review:

- how to describe people and things;
- how to talk about daily routine, leisure-time activities, and the weather;
- how to make plans;
- the uses of the **passé composé** and the imperfect;
- information questions;
- pronominal verbs;
- the formation and use of adjectives.

Première étape

Qu'est-ce que tu as fait pendant les vacances?

Je m'appelle Armelle Dérain et j'habite à Paris. Ma famille a une maison de campagne en Bretagne et chaque année nous passons le mois de juillet dans la petite ville de Josselin. L'été dernier nous avons pris nos vacances comme d'habitude. Nous sommes partis le 2 juillet et nous avons fait le trajet en six heures. Nous avons eu de la chance parce qu'il a fait très beau ce jour-là.

Notre maison nous attendait et nous étions contents de la retrouver. Les premiers jours il y avait pas mal de travail à faire pour nous installer. Nous avons nettoyé les chambres, nous avons rangé nos affaires et nous avons fait des courses.

Mais après, nous nous sommes bien amusés. Mon frère et moi, nous avons retrouvé nos amis, nous avons fait quelques excursions à la plage et nous avons mangé beaucoup de bonnes choses.

À la fin de juillet nous avons refermé la maison et nous sommes rentrés à Paris. Maintenant je suis prête pour la rentrée des classes.

Je m'appelle Étienne Laforgue et j'habite à Lille avec ma famille. L'été dernier nous avons décidé de faire le tour de la Bretagne. Ma grand-mère habite à Quimper et j'ai des cousins à Locronan. Il n'a pas fait très beau quand nous avons quitté Lille et nous avons fait le long trajet jusqu'à St-Malo en une seule journée. Nous étions très fatigués quand nous sommes arrivés à l'hôtel Central à St-Malo et nous avons bien dormi cette nuit-là.

Le lendemain nous avons commencé à explorer la ville. Moi, je voulais surtout me promener sur les remparts et aller à la plage. Mais j'ai aussi visité le château avec mes parents.

De St-Malo nous avons fait le tour de la Bretagne. Nous avons visité l'église de Locmariaquer, nous avons vu les dolmens et les menhirs de Carnac, nous sommes allés à la maison de Renan à Tréguier et nous avons passé des journées splendides sur les plages du Val-André. Nous avons aussi rendu visite à ma grand-mère et à mes cousins.

Après un mois de voyage nous sommes rentrés à Lille et j'étais très content de retrouver ma chambre et mes amis.

Compréhension ■■■■■■■■■■■■■■■■■■■■■■■■■■■

A. **Les Dérain ou les Laforgue?** Décidez si les phrases suivantes s'appliquent à la famille Dérain ou à la famille Laforgue selon ce que vous avez appris dans les deux descriptions.

MODÈLE: Ils ont mangé beaucoup de bonnes choses.
les Dérain

1. Ils ont visité St-Malo.
2. Ils ont une maison de campagne.
3. Ils ont deux enfants.
4. Ils ont fait le tour de la Bretagne.
5. Ils sont partis au début de juillet.
6. Ils ont rendu visite à leur grand-mère et à des cousins.
7. Ils viennent du nord de la France.
8. Le jour de leur départ de Paris il a fait très beau.
9. Ils ont visité beaucoup de monuments.
10. Ils ont passé la plupart de leurs vacances en un seul endroit.

L'emploi du passé composé et de l'imparfait

The following table outlines the uses of the **passé composé** and the imperfect. As you study it, keep in mind that:

1. Both the **passé composé** and the imperfect are past tenses.
2. Most French verbs may be put into either tense, depending on the context in which they appear.
3. As a general rule, the **passé composé** moves a story's action forward in time:

   Nous avons visité l'église de Locmariaquer, **nous avons vu** les dolmens et les menhirs de Carnac et **nous sommes allés** à Tréguier.

4. As a general rule, the imperfect tends to be more descriptive and static:

   Il faisait beau, le soleil brillait, nous jouions à la plage pendant que **nos parents visitaient** le château.

Imperfect	Passé composé
Description **Nous étions** très fatigués.	
Habitual action Autrefois **nous allions** toujours en Bretagne.	*Single occurrence* L'été dernier **nous sommes allés** en Bretagne.
Indefinite period of time Quand **j'étais** jeune, **j'avais** un chien. **Il faisait** très beau.	*Definite period of time* En 1988, **j'ai passé** deux mois au Portugal. Hier, **il a fait** très beau.
Action repeated an unspecified number of times **Nous allions** souvent au magasin.	*Action repeated a specified number of times* **Nous sommes allés** au magasin deux fois dimanche après-midi.

Application ■■■■■■■■■■■■■■■■■■■■■■■■■■■■■

B. **Qu'est-ce que tu faisais? Où est-ce que tu étais?** Répondez aux questions en employant les éléments entre parenthèses. Utilisez l'imparfait.

MODÈLE: Qu'est-ce que tu faisais quand il a commencé à pleuvoir? (travailler dans le jardin)
Je travaillais dans le jardin quand il a commencé à pleuvoir.

1. Qu'est-ce que tu faisais quand Jean est rentré? (regarder la télé)
2. Où est-ce que vous étiez quand Marc a eu l'accident? (être à la plage)
3. Qu'est-ce que tu faisais quand elle a téléphoné? (mettre la table)
4. Qu'est-ce qu'il faisait quand il a vu son professeur? (jouer au foot)
5. Où est-ce qu'elles étaient quand tu es tombé(e)? (être dans la cuisine)
6. Qu'est-ce que vous faisiez quand Isabelle est arrivée? (manger)
7. Où est-ce que tu étais quand ta mère t'a appelé(e)? (se promener dans le parc)
8. Qu'est-ce qu'ils faisaient quand ils ont appris la nouvelle? (réparer la voiture)

C. **Mes vacances.** Utilisez les expressions et les verbes pour décrire vos dernières vacances. Employez le passé composé pour l'énumération des activités. Si vous n'êtes pas allé(e) en vacances, inventez les détails.

MODÈLE: l'été dernier / aller
L'été dernier, nous sommes allés à Boston.

1. l'été dernier / aller
2. le premier jour / descendre à l'hôtel (chez des amis, etc.)
3. le lendemain / aller
4. d'abord / visiter
5. puis / voir
6. ce soir-là / sortir
7. le jour après / acheter
8. ensuite / manger
9. après quelques jours / partir
10. enfin / rentrer

D. **Quand j'étais petit(e)...** Décrivez votre enfance aux camarades dans votre groupe. Où est-ce que vous habitiez? Quel temps faisait-il dans cette région? Où est-ce que vous alliez à l'école? Qu'est-ce que vous faisiez pendant vos vacances? Qu'est-ce que vous aimiez faire pendant le week-end? Employez l'imparfait dans votre description.

E. **L'été dernier.** Parlez de votre été à vos camarades. Faites une énumération de vos activités, parlez de ce que vous faisiez régulièrement, décrivez un voyage que vous avez fait, etc. Utilisez les descriptions d'Armelle et d'Étienne comme modèles. Attention à l'emploi de l'imparfait et du passé composé.

RAPPEL

To ask for information, use the question forms **quand** *(when)*, **pourquoi** *(why)*, **qu'est-ce que** *(what)*, **où** *(where)*, **combien de** *(how much, how many)*, **qui** *(who)*, **avec qui** *(with whom)*, **comment** *(how)*, or a form of **quel** *(what, which)*.

Quand est-ce que tu es rentré des vacances, Étienne?
Pourquoi est-ce que vous avez visité Carnac?
Où est-ce que tu as passé le mois de juillet?
Combien de jours est-ce que vous avez passés à St-Malo?
Qui a visité le château?
Avec qui est-ce que vous êtes allés à Locmariaquer?
Comment est-ce que vous êtes allés à Locmariaquer?
Quels monuments est-ce que tu as vus?

Application ■■■■■■■■■■■■■■■■■■■■■■■■

F. **Des questions.** Pour chaque chose que dit votre camarade, posez trois questions pour obtenir des renseignements supplémentaires. Votre camarade va inventer des réponses.

MODÈLE: Cet été je suis allé(e) en France.
— *Quand est-ce que tu es parti(e)?*
— *Le 2 juillet.*
— *Quelles villes est-ce que tu as visitées?*
— *Paris et Grenoble.*
— *Avec qui est-ce que tu es allé(e) en France?*
— *Avec mes parents.*

1. Cet été j'ai fait du camping.
2. L'année dernière ma famille et moi, nous sommes allés en Bretagne.
3. Hier soir mes amis et moi, nous avons mangé au restaurant.
4. Le week-end dernier je suis resté(e) à la maison.
5. Notre professeur a passé l'été en France.
6. Mes parents viennent d'acheter une voiture.
7. Samedi dernier je suis allé(e) au centre commercial.

G. **Une interview.** Interviewez un(e) de vos camarades au sujet de ses vacances. Posez au moins six questions. Ensuite expliquez à la classe ce que votre camarade a fait pendant l'été.

Contexte: À l'hôtel Central ■■■■■■■■■■■■■■■

> ⌂ **Central**, 6 Gde-Rue ☎ 40.87.70 — |各| TV ☎ ⇦ – ♨ 25. AE ⓪ VISA   DZ n
> SC : **R** *(fermé en janv.)* carte 100 à 160 – ⌷ 25 – **46 ch** 210/340 – P 300/400.

— Bonjour, Monsieur.
— Bonjour, Madame. Qu'est-ce que je peux faire pour vous?
— J'ai réservé deux chambres pour trois nuits. Une chambre pour deux personnes et une chambre pour une personne.
— Sous quel nom, s'il vous plaît?
— Sous le nom de Laforgue.
— Voyons... Voilà... deux chambres pour trois nuits. Avec ou sans salle de bains?
— Avec salle de bains.
— Très bien. Une chambre pour deux personnes à 210 francs par personne et une chambre pour une personne à 340 francs. Ça va?
— Oui. C'est parfait. Est-ce que le petit déjeuner est compris?
— Non, Madame. Vous payez un supplément de 25 francs.
— Bon. Très bien.

À vous!■■■■■■■■■■■■■■■■■■■■■■■■■■■■■■■

H. **À l'hôtel.** You and your family are checking into the Hotel Diana in Carnac. Because you're the only one in the family who speaks French, you make the arrangements at the desk. Get the number of rooms necessary for your family, decide if you want a bathroom in each room, find out the price, and ask if breakfast is included. Your classmate will play the desk clerk and use the guidebook entry below to give you the correct information.

🏨 **Diana** M, 21 bd Plage ☎ 52.05.38, ≼, 🚿 – ▮ 📺 ⛲wc ▮wc 🐾 Ⓟ   Z   r
31 mai-fin sept. – SC : **R** 110/247 – ⇌ 33 – **33 ch** 260/456 – P 553/995.

Contexte: *La météo* ■■■■■■■■■■■■■■■■■■■■■■■■■

Si vous avez l'intention de faire un voyage, il est toujours très important de consulter la météo. Regardez la carte et le texte du *Journal français d'Amérique* et ensuite faites l'exercice.

La Météo

Dicton du mois : *Pâques et la météo* : S'il pleut le jour de Pâques, rien ne pousse de quarante jours (Bourbonnais). Pâques pleuvinou (pluvieux), sac farinou (plein de farine) (Ille-et-Vilaine). A Pâques le temps qu'il fera, toute l'année s'en rappellera (Vosges).

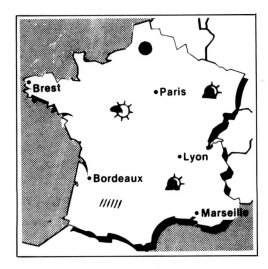

À vous!■■■■■■■■■■■■■■■■■■■■■■■■■■■■■■

I. **Quel temps est-ce qu'il va faire demain?** Your teacher has asked you to check the weather report for tomorrow. Using the weather map and the information provided, tell your classmates about the weather in different parts of France. Your classmates may ask you questions. Remember to use **il va faire** (as in **il va faire beau** and **il va faire du soleil**) for descriptions and **la température est de** + *degrees* for the temperature.

Contexte: Faisons des projets ■■■■■■■■■■■■

— Qu'est-ce qu'on fait samedi soir?
— Je ne sais pas. Qu'est-ce que tu veux faire?
— On peut aller au cinéma.
— Si tu veux... Moi, je préfère organiser une soirée.
— D'accord. Bonne idée. Où est-ce qu'on a cette fête?
— Pourquoi pas chez moi? Moi, j'invite les amis et toi, tu achètes quelque
  chose à boire et à manger.
— D'accord. À quelle heure est-ce que ça commence?
— À huit heures.
— Tu as des cassettes et des disques? On pourrait danser.
— Bien sûr. À samedi soir, alors.

À vous! ■■■■■■■■■■■■■■■■■■■■■■■■■■■■■■■■■■■

J. **Une soirée pour la classe de français.** You and the members of your
    group are organizing a party for your French class. Decide where it's going
    to be, what day and time, who is going to do what, etc.

Maintenant parlons de vous! ■■■■■■■■■■■■■■■

K. **Le week-end dernier.** Tell your classmate about how you spent last
    weekend. Talk about your activities, the weather, how you felt, etc. Your
    classmate will ask you questions to get more details. Be careful to
    distinguish between the **passé composé** and the imperfect.

L. **Un endroit que je connais.** Tell your friend about a city, state, or country you know well. Explain when you went to this place, what it was like, what you did, whom you visited, how the weather was, etc. Your class-mate will ask you questions to get more details. Be sure to distinguish between the **passé composé** and the imperfect when you talk about the past, and use the present tense when you say what the place is like.

Lecture: *Bretagne et Bretons*

ar mor = la mer

L'Armorique, partie de la Gaule formant aujourd'hui la Bretagne, offre sur plus de 1 000 kilomètres de côtes très découpées, de la «Côte d'Émeraude» (Dinard), au nord, à la «Côte d'Amour», au sud, une cinquantaine de stations.

La Baule en est la reine. Sa plage de sable, longue de 10 kilomètres et large de 1 000 mètres à marée basse, est une des plus belles d'Europe. Chaque âge y trouve ses plaisirs; du Casino aux jeux de la plage, du palace à la pension de famille avec baignades et bains de soleil pour tous. «La saison» y commence à Pâques pour ne se terminer qu'en octobre.

Si on aime les sports nautiques, des ports de plaisance bien équipés y sont nombreux, au Pouliguen, par exemple; plus modestement, on ira à marée basse sur les rochers à Pornichet, ou, entre La Baule et le Croisic, ramasser des fruits de mer.

Vive les Bretons!

Aux Ve et VIe siècles, chassés de Grande-Bretagne (*Great Britain*) par les Angles et les Saxons, des Celtes débarquent en Armorique et l'appellent... Petite Bretagne (*Brittany*).

Beaucoup de traditions celtiques sont encore vivantes, le respect dû aux saints surtout: des «petits saints» comme saint Thegonnec à la grande sainte Anne, patronne des mères de famille. Le jour du «Pardon», toute la population défile en procession devant eux et devant le Christ en croix du Calvaire.

Et la langue bretonne vit toujours. On l'enseigne dans les écoles, à l'Université. Elle est lisible dans les noms de lieux et les noms de personnes. Même si l'on n'est pas un cousin britannique (*a Briton*), que l'on frappe à la porte d'un *Le Bihan* (le petit) ou d'un *Le Braz* (le grand), on sera toujours bien accueilli!

Compréhension ■■■■■■■■■■■■■■■■■■■■■■■

M. **Ce que je sais sur la Bretagne.** Use the map on p. 4 and the information in the reading to tell what you know about the following topics. You may do this exercise in English.

1. the location of Bretagne in France
2. beaches
3. tourist attractions
4. sports
5. religion
6. language

Deuxième étape

Qu'est-ce que tu fais d'habitude?

■■■■■■■■■■■■■■■■■■■■■■■■■■■■■■■■■■■■■■

Je m'appelle Colette Dujardin et j'habite en Alsace. Je suis née à Épinal et ma famille et moi, nous y habitons encore. Je passe mes journées comme tout le monde: je me lève, je mange quelque chose, je vais au lycée. Après mes cours je travaille dans la pharmacie de mon père. Je suis vendeuse et c'est un travail assez intéressant.

Tous les jours il y a des clients qui ont besoin de toutes sortes de choses. Certains arrivent avec des ordonnances de leur médecin. C'est mon père qui s'occupe de ces gens-là. Moi, je parle surtout avec des gens qui ont un rhume ou une grippe. Ils achètent des aspirines, des gouttes pour le nez, des pastilles pour la gorge ou des anti-histamines.

Moi, je ne suis presque jamais malade. Aujourd'hui, exceptionnellement, je ne suis pas allée à l'école parce que j'ai un peu de fièvre. Mon père dit que ce n'est pas grave, mais je me sens vraiment malade. J'ai mal à la tête, j'ai le nez pris et j'ai des courbatures. C'est peut-être une grippe. Je suis très fâchée parce que je vais manquer ma classe d'aérobic. Ce n'est vraiment pas une journée agréable!

Je m'appelle Xavier Bonnard et j'habite à Strasbourg. Ma journée typique est très occupée. Le matin je me réveille vers 6h30, mais je me lève en général à 7h. Je prends vite une douche, je m'habille, je mange un toast ou des céréales avec un café au lait, je me brosse les dents et je sors pour prendre l'autobus. Mon école n'est pas très loin de chez moi, mais je préfère prendre le bus parce que j'y retrouve mes amis.

À l'école j'ai un emploi du temps assez chargé. J'ai des cours d'allemand, d'anglais, d'histoire, de chimie, de géographie et de mathématiques.

Après l'école je vais à la maison des jeunes ou à la piscine. Quelquefois je fais du jogging. Je pense qu'il est très important de s'entraîner et d'être en bonne forme. À la maison des jeunes je prends des leçons de yoga et à l'école je fais du basket.

Je rentre à la maison vers 6h30. La famille mange ensemble entre 7h30 et 8h. Je fais mes devoirs, je regarde un peu la télé ou j'écoute des disques et je me couche vers 11h.

Compréhension ■■■■■■■■■■■■■■■■■■■■■■■■■■

A. **Une conversation.** Vous parlez avec Xavier et Colette de votre journée typique. Répondez à leurs questions. Un de vos camarades joue le rôle de Xavier et une camarade joue le rôle de Colette.

> MODÈLE: XAVIER: Moi, je me réveille à 6h30. À quelle heure est-ce que tu te réveilles?
>
> VOUS: *Je me réveille vers 7h.*

1. XAVIER: J'habite à Strasbourg en Alsace. Où est-ce que tu habites?
2. COLETTE: Moi, je suis née à Épinal, en Alsace. Où est-ce que tu es né(e)?
3. XAVIER: Avant d'aller à l'école le matin, je prends une douche, je m'habille et je mange quelque chose. Qu'est-ce que tu fais avant d'aller à l'école?
4. XAVIER: Je prends l'autobus pour aller à l'école. Comment est-ce que tu vas à l'école?
5. XAVIER: Pour le petit déjeuner je mange du toast ou des céréales avec du café au lait. Et toi, qu'est-ce que tu manges pour le petit déjeuner?
6. COLETTE: L'après-midi je travaille dans la pharmacie de mon père. Est-ce que tu as un travail? Qu'est-ce que tu fais?
7. COLETTE: Je ne suis presque jamais malade. Est-ce que tu es en bonne santé aussi? Quelle est la dernière fois que tu étais malade? Qu'est-ce que tu avais?
8. XAVIER: Je fais beaucoup de sports. Est-ce que tu es sportif(-ve)? Quels sports est-ce que tu fais?
9. COLETTE: Moi, je prends des classes d'aérobic. Et toi, est-ce que tu fais de l'aérobic aussi?
10. XAVIER: Nous sommes très occupés quand nous avons du temps libre. Qu'est-ce que tu aimes faire pendant le week-end?

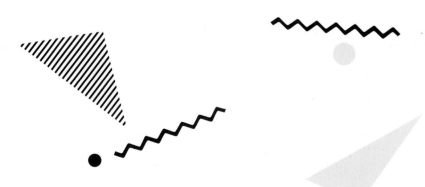

Les verbes pronominaux

Pronominal verbs may have two different meanings. They may express:

1. An action that reflects back on the subject:

Je me lave.	*I wash (myself).*
Elle se lève.	*She's getting up. (Literally: She's getting herself up.)*

2. An action in which two or more subjects interact:

Nous nous téléphonons.	*We call each other.*
Elles se regardent.	*They're looking at each other.*

In either case, the subject (noun or pronoun) is accompanied by its corresponding reflexive or reciprocal pronoun—**me, te, se, nous,** or **vous.** This pronoun usually comes directly in front of the verb.

Note how pronominal verbs are used in various tenses and in the negative:

Present tense: Il se rase.
Negative: Il *ne* **se rase** *pas.*

Immediate future: Je vais me lever à 7h.
Negative: Je *ne* **vais** *pas* **me lever** à 7h.

Passé composé: Elle s'est maquillée.
Negative: Elle *ne* **s'est** *pas* **maquillée.**

Imperfect: Nous nous promenions souvent dans le parc.
Negative: Nous *ne* **nous promenions** *pas* souvent dans le parc.

Imperative: Levez-vous! (Lève-toi!)
Negative: *Ne* **vous levez** *pas! (Ne* **te lève** *pas!)*

Here are some of the most commonly used reflexive verbs:

se brosser les cheveux	s'habiller	se raser
se brosser les dents	se laver (la tête)	se regarder
se connaître	se lever	se retrouver
se coucher	se maquiller	se réveiller
se dépêcher	s'occuper de	se téléphoner
se disputer	se parler	se voir
s'endormir	se promener	

Application ■■■■■■■■■■■■■■■■■■■■■■■■■■■■■■

B. **Ma routine.** Dites à quelle heure vous faites les choses suivantes. Utilisez le présent des verbes indiqués.

MODÈLE: se réveiller
Je me réveille à 6h.

1. se réveiller
2. se lever
3. se laver la tête
4. se brosser les cheveux
5. se brosser les dents

6. s'habiller
7. se raser ou se maquiller
8. se coucher
9. s'endormir

C. **Et toi?** Employez les verbes de l'Exercice B pour poser des questions à votre partenaire. Votre partenaire va répondre à vos questions.

MODÈLE: — À quelle heure est-ce que tu te réveilles le matin?
— *Je me réveille à 7h15.*

D. **Mon ami(e).** Basé sur les renseignements obtenus dans l'Exercice C, expliquez à la classe la routine de votre partenaire.

E. **Des comparaisons.** Comparez ce que vous avez fait le week-end dernier à ce que vous faites d'habitude. Employez les verbes donnés d'abord au présent et ensuite au **passé composé.**

MODÈLE: se lever
D'habitude je me réveille à 6h30, mais le week-end dernier je ne me suis pas levé(e) à 6h30. Je me suis levé(e) à 9h.

1. se réveiller
2. se lever
3. se laver la tête
4. se brosser les cheveux
5. se brosser les dents

6. s'habiller
7. se raser ou se maquiller
8. se coucher
9. s'endormir

F. **Un jour de vacances.** Parlez à votre camarade d'une journée typique pendant les vacances. Comment est-ce qu'un jour de vacances est différent de la routine typique? N'oubliez pas d'utiliser quelques verbes pronominaux.

G. **Questions personnelles.** Répondez aux questions. Attention aux temps des verbes.

1. Vous et vos amis, est-ce que vous vous téléphonez souvent?
2. Vous et vos amis, est-ce que vous vous retrouvez quelquefois au centre commercial?
3. Est-ce que vous vous disputez souvent avec vos parents?
4. Est-ce que vous allez vous promener demain?
5. Est-ce que vous vous êtes promené(e) hier?
6. Est-ce que vous allez vous coucher tôt ou tard ce soir?
7. À quelle heure est-ce que vous vous couchez d'habitude?
8. Est-ce que vous vous lavez la tête tous les jours?
9. Vous et votre professeur, est-ce que vous vous connaissez bien?
10. À quelle heure est-ce que vous vous êtes levé(e) ce matin?
11. Est-ce que vos amies se maquillent?
12. Est-ce que les garçons de votre âge se rasent?

La formation et l'emploi des adjectifs

An adjective must agree in gender and number with the noun it modifies. This means that if the noun is feminine, the adjective is feminine; if the noun is masculine, the adjective is masculine; and if the noun is plural, the adjective is plural:

Le jardin est **grand.**   **Les châteaux** sont **grands.**
La maison est **grande.**   **Les voitures** sont **grandes.**

The feminine form of most adjectives is created by adding **-e** to the masculine form (**grand, grande; petit, petite; mauvais, mauvaise**). However, some adjectives have special endings:

Masculine singular	Feminine singular	Masculine plural	Feminine plural
rouge	rouge	rouges	rouges
lé**ger**	lé**gère**	lé**gers**	lé**gères**
ennuy**eux**	ennuy**euse**	ennuy**eux**	ennuy**euses**
vio**let**	vio**lette**	vio**lets**	vio**lettes**
itali**en**	itali**enne**	itali**ens**	itali**ennes**
sensation**nel**	sensation**nelle**	sensation**nels**	sensation**nelles**
spor**tif**	spor**tive**	spor**tifs**	spor**tives**

Note that **marron** and **orange** don't change form in the feminine or in the plural. **Costaud** does not change in the feminine.

The adjectives **beau, nouveau,** and **vieux** have to be learned separately:

Masculine singular	beau	nouveau	vieux
Masculine singular before a vowel	bel	nouvel	vieil
Masculine plural	beaux	nouveaux	vieux
Feminine singular	belle	nouvelle	vieille
Feminine plural	belles	nouvelles	vieilles

In French, most adjectives are placed *after* the noun. However, a few are placed *before* the noun and should be learned separately. These include **grand, vieux, bon, long, beau, autre, petit, nouveau, mauvais, joli,** and **jeune.** When two adjectives modify the same noun, each adjective occupies its normal position, either before or after the noun:

> J'ai acheté une voiture **neuve.**
> J'ai acheté une **belle** voiture.
> J'ai acheté une **belle** voiture **neuve.**
> J'ai acheté une **belle petite** voiture.

Application ■■■■■■■■■■■■■■■■■■■■■■■■■■■■■■■

H. Ajoutez les adjectifs entre parenthèses aux phrases suivantes. Attention à la forme et au placement des adjectifs.

  MODÈLE: J'habite dans un appartement. (grand / ensoleillé)
      J'habite dans un grand appartement ensoleillé.

  1. Nous avons un chien. (petit)
  2. J'adore la musique. (moderne)
  3. Ce sont des livres. (vieux)
  4. Je préfère les personnes. (sportif)
  5. Je n'aime pas les personnes. (paresseux)
  6. C'est un hôtel. (vieux)
  7. C'est une église. (vieux)
  8. C'est un ami. (nouveau)
  9. C'est une fille. (jeune / ambitieux)
  10. Ce sont des garçons. (timide / sérieux)

I. **Comment est...?** Faites une petite description de chacun de vos parents *(relatives)* en employant des mots des listes suivantes.

  MODÈLE: *J'ai trois cousins. Mon cousin Jack est grand et sympathique.*
      (Etc.)

Parents: cousin / cousine / tante / oncle / grand-mère / grand-père / neveu / nièce / frère / sœur / père / mère / demi-frère *(stepbrother)* / demi-sœur / beau-père *(stepfather)* / belle-mère

Adjectifs: grand / petit / sympathique / désagréable / optimiste / pessimiste / joli / beau / vieux / jeune / sportif / ambitieux / timide / honnête / malhonnête / patient / impatient / généreux / paresseux / indépendant / discret / indiscret / heureux / triste / sérieux / frivole / actif / avare / réaliste/ traditionnel / sincère / intellectuel

J. **Mon voisin / ma voisine.** Regardez le (la) camarade de classe qui est assis(e) à côté de vous. Notez bien ses traits caractéristiques physiques—cheveux, yeux, taille, nez, visage, bouche. Fermez les yeux et essayez de faire une description de votre camarade. Ensuite, ouvrez les yeux et vérifiez votre description.

MODÈLE: *Mike est grand et mince. Il a les yeux verts et les cheveux roux.*
Il a une petite bouche et il a le visage ovale.

Traits physiques
Taille: grand / petit / mince / svelte / costaud
Yeux: bleu / vert / gris / brun
Cheveux: blond / noir / roux / brun
Nez: petit / grand
Bouche: petit / grand
Visage: carré / ovale / rond

K. **Mes voisins.** Parlez à vos camarades des gens qui habitent dans la maison (ou dans l'appartement) à côté de vous. Énumérez d'abord les membres de la famille, ensuite faites une description physique de chaque personne et enfin faites une description de la personnalité de chaque personne.

L. **Mon (ma) meilleur(e) ami(e).** Faites le portrait de votre meilleur(e) ami(e). Indiquez son âge, faites une description physique et une description de sa personnalité, parlez un peu de sa famille, expliquez ce qu'il/elle aime faire pour s'amuser, etc. Les autres membres du groupe peuvent vous poser des questions.

MODÈLE: *Ma meilleure amie s'appelle Virginia. Elle habite dans un*
appartement avec ses deux frères, sa mère et son beau-père.
Virginia est grande et mince. Elle a les yeux bleus et les cheveux
bruns. Elle a le visage carré avec une petite bouche. Son nez est
assez grand. Virginia est très sympathique. Elle est sportive
aussi. Elle adore nager et faire du jogging. (Etc.)

Contexte: *À la pharmacie* ....

— Bonjour, Mademoiselle. Qu'est-ce que je peux faire pour vous?
— Je pense que j'ai un rhume. J'ai le nez bouché, j'ai mal à la gorge, je tousse.
  Mais je n'ai pas de fièvre.
— Oui. Je pense que c'est un rhume.
— Est-ce que vous avez quelque chose contre la toux?
— Bien sûr. Je peux vous donner des pastilles. Et voilà des gouttes pour le
  nez.
— Merci. Et il me faut aussi un tube d'aspirines.
— Voilà, Mademoiselle. Reposez-vous et buvez beaucoup de liquides.

À vous! ....

M. **Je suis malade.** Vous allez à la pharmacie pour acheter des
   médicaments. Expliquez au (à la) pharmacien(ne) vos symptômes. Votre
   camarade de classe va jouer le rôle du (de la) pharmacien(ne) et va
   suggérer des médicaments (aspirines, gouttes, pastilles, anti-histamines,
   sirops).

Contexte: *Des petits accidents* ■■■■■■■■■■■■■■■

— Oh, là, là, Philippe. Qu'est-ce que tu t'es fait?
— Ce n'est rien, Madame. Je me suis coupé, c'est tout.
— Mais Philippe, il faut faire attention! Tu as souvent des accidents.
— Oui, je sais! Mais ce n'est jamais très grave.
— D'accord, mais c'est embêtant. La semaine dernière tu as joué au foot et tu
   t'es foulé la cheville. Le mois dernier tu t'es fait mal à la jambe pendant ta
   classe de gymnastique. Et avant ça tu t'es cassé le bras quand tu faisais de
   la moto. Ce n'est pas normal, ça!
— Oui, je sais. Mais heureusement je ne suis jamais malade!

N. **Un petit accident.** Parlez à un(e) de vos camarades d'un accident que
vous avez eu. Si vous n'avez jamais eu d'accident, vous pouvez parler de
quelque chose qui est arrivé à une autre personne. Expliquez les
circonstances sous lesquelles l'accident a eu lieu et parlez des
conséquences.

Contexte: *Nous mangeons bien* ■■■■■■■■■■■■■■

LE PROF: Alors, les élèves. Aujourd'hui nous allons parler des aliments
qui sont bons et mauvais pour la santé. Qui commence?

ANGÈLE: Moi, je mange beaucoup de légumes. Les légumes sont bons
pour la santé.

LE PROF: Tu as raison, Angèle. Et toi, Marc?

MARC: Ma mère dit que le sel n'est pas bon. Elle n'emploie donc pas
beaucoup de sel dans les plats qu'elle prépare.

LE PROF: Ta mère a raison.

BERNARD: Oui, et il faut manger la viande avec modération. Et si
possible, il faut manger moins de sucre.

LE PROF: C'est vrai, Bernard. Il vaut mieux manger du poisson et du
poulet. Et si on veut garder la ligne, on doit limiter les
desserts. Je pense que vous avez bien compris l'importance
des aliments pour votre santé.

À vous! ■■■■■■■■■■■■■■■■■■■■■■■■■■■■■■■■■■

O. **Ce que je mange d'habitude; ce que j'ai mangé hier.** Parlez à vos
camarades des aliments que vous mangez d'habitude. Ensuite expliquez
ce que vous avez mangé hier. Vos camarades vont décider si les aliments
sont bons ou mauvais pour la santé.

MODÈLE: ÉLÈVE 1: *D'habitude je mange quelque chose de sucré tous
les jours. Mais hier, je n'ai pas mangé de dessert.*

ÉLÈVE 2: *Le sucre n'est pas bon pour la santé. Il vaut mieux
manger des fruits.* (Etc.)

Maintenant parlons de vous! ■■■■■■■■■■■■■

P. **Ma vie quotidienne.** Parlez à vos camarades de votre vie de tous les jours. Parlez de votre routine, des choses que vous mangez, de vos activités préférées et des gens avec qui vous parlez. Vos camarades vont vous poser des questions pour obtenir plus de détails.

Q. **Pendant les vacances...** Maintenant expliquez à vos camarades comment votre routine change pendant les vacances. N'oubliez pas de parler de ce que vous mangez quand vous êtes en vacances.

Lecture: *Quand les cigognes ne reviennent plus*

Quand les cigognes ne reviennent plus

C'est entre le 15 février et le 15 mars que les cigognes arrivent en Alsace pour s'installer sur leur nid, perché en haut d'une église ou d'une maison. Autrefois, leur retour s'annonçait dans les villages au son de la trompe, et c'était l'occasion de réjouissances. On retrouve dans la chronique de Colmar les dates d'arrivée des cigognes soigneusement consignées dès la fin du XIIIe siècle. Une ordonnance de la ville de Strasbourg datant de 1423 défendait de tuer ces oiseaux sous peine d'amende.

Aujourd'hui, il est peu de villages qui ne déplorent leur disparition. Les cent soixante-quinze nids que l'on comptait au lendemain de la dernière guerre n'étaient plus que quarante en 1967, et neuf en 1977.

Plusieurs causes concourent à cette diminution. Le drainage des marais, la multiplication des câbles électriques—que les oiseaux heurtent en vol—l'emploi des poisons insecticides, et surtout la chasse, dont les cigognes sont victimes au cours de leur migration annuelle vers l'Afrique tropicale.

Afin d'assurer l'avenir de l'espèce, diverses méthodes ont été expérimentées: élevage artificiel de jeunes cigognes importées du Maroc, introduction d'adultes. À présent, on s'efforce de briser l'instinct migrateur des cigognes en les maintenant pendant l'hiver dans des enclos. De la sorte, les oiseaux échappent aux risques du voyage. La troisième année, ils peuvent reprendre leur vol et se reproduire aussi bien que les sujets sauvages. Est-ce en perdant leur liberté que les cigognes survivront en Alsace?

Compréhension ■■■■■■■■■■■■■■■■■■■■■■■■

R. **Les cigognes d'Alsace: Une tradition qui disparaît.** Answer the
   questions about the reading. You may use English.

1. In general, what is this reading about?
2. When do the storks traditionally return to Alsace?
3. How did the people of Alsace used to welcome the storks? What did
   they do to protect the birds?
4. How many nests were there after World War II?
5. How many nests are there now?
6. What is contributing to the disappearance of the storks?
7. What measures are being taken now to protect the birds?
8. What question does the author ask at the end of the article?
9. What do you think we should do in this country to protect our
   wildlife?

C'est la France ou les États-Unis?

Unité première

On s'habille

Objectives

In this unit, you will learn:

- to name and describe articles of clothing;
- to make purchases in clothing stores and shoe stores;
- to ask for and give information about clothing;
- about French attitudes toward clothes;
- about the French clothing industry;
- how clothes reflect values in French society.

25

LA MODE ET VOUS

LE TEST DU MOIS

La mode et vous

Est-ce que vous vous intéressez à la mode? Est-ce que vous êtes influencé par ce que vous voyez? Ou bien aimez-vous l'originalité? Faites ce test puis additionnez vos points et lisez nos commentaires ci-dessous.

LA MODE ET VOUS·COMMENTAIRES

Entre 17 et 21 points: Vous êtes vraiment à la mode. Est-ce une bonne chose? C'est bien d'être original de temps en temps.

Entre 11 et 16 points: Vous vous intéressez à la mode mais vous ne la suivez pas toujours. Vous avez aussi des goûts personnels. C'est bien.

Moins de 11 points: Vous avez des goûts très originaux. Vous ne vous intéressez pas à la mode et vous ne tenez pas compte de l'opinion des autres.

NB: *Ne prenez pas ce test trop au sérieux!*

Spécial ● Mode

1. Lisez-vous des revues de mode?
   (a) Souvent. (3 points)
   (b) Parfois. (2 points)
   (c) Jamais. (1 point)

2. Vous voulez acheter des vêtements.
   (a) Vous ne savez pas ce que vous voulez. Le vendeur/la vendeuse décide pour vous. (1)
   (b) Vous trouvez ce que vous voulez dans les vitrines des magasins. (2)
   (c) Vous achetez ce qui est à la mode en ce moment. (3)

3. Où achetez-vous vos vêtements?
   (a) Dans les grands magasins. (2)
   (b) Au marché aux puces. (1)
   (c) Dans les magasins à la mode. (3)

4. Quel genre de vêtements portez-vous d'habitude?
   (a) Chaque jour, vous portez une tenue différente. (3)
   (b) Vous portez toujours le même genre de tenue: jean, blouson, tee-shirt... (1)
   (c) Cela dépend de l'occasion. (2)

5. Vous allez chez le coiffeur.
   (a) Vous savez quelle coupe vous voulez. Vous l'avez vue dans un magazine de mode. (3)
   (b) Vous dites au coiffeur/à la coiffeuse «comme d'habitude». (1)
   (c) Vous essayez une coupe différente. (2)

6. Cette saison, les pantalons larges à fleurs sont à la mode.
   (a) Quelle horreur! Tout mais pas ça! (2)
   (b) Vite, vous achetez tout de suite un pantalon à fleurs. (3)
   (c) Bof! Vous ne suivez jamais la mode. (1)

7. Est-ce que vous faites vous-même vos vêtements?
   (a) Très souvent. Vous n'aimez pas porter la même chose que les autres. (1)
   (b) Oui, vous suivez les patrons dans les magazines de mode. (3)
   (c) Quelquefois. C'est moins cher. (2)

OUVERTURE

A. **Vous comprenez?** Devinez le sens des mots employés dans le test et cherchez le mot anglais à droite qui correspond à chacun des mots français à gauche.

1.	la mode	a.	*flea market*
2.	les revues de mode	b.	*clothes*
3.	les vêtements	c.	*pants*
4.	les vitrines des magasins	d.	*fashion magazines*
5.	les grands magasins	e.	*haircut*
6.	le marché aux puces	f.	*patterns (for clothing)*
7.	une tenue	g.	*fashion*
8.	le coiffeur	h.	*department stores*
9.	la coupe	i.	*outfit*
10.	le pantalon	j.	*store windows*
11.	les patrons	k.	*hairdresser*

B. **Et maintenant, à vous.** Répondez aux questions du test, additionnez les points et lisez les commentaires qui s'appliquent à vos résultats.

C. **Moi, je. . .** Expliquez à votre partenaire les traits qui vous caractérisent d'après les résultats du test et justifiez-vous.

MODÈLE: *Moi, je suis vraiment à la mode parce que j'achète mes vêtements dans les magasins de mode et parce que je porte une tenue différente chaque jour.*

Chapitre premier

On s'achète des vêtements

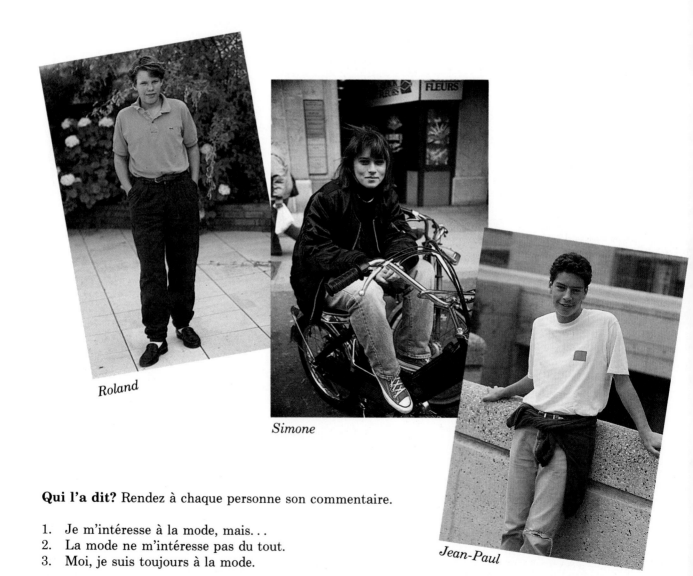

Roland

Simone

Jean-Paul

Qui l'a dit? Rendez à chaque personne son commentaire.

1. Je m'intéresse à la mode, mais...
2. La mode ne m'intéresse pas du tout.
3. Moi, je suis toujours à la mode.

Première étape

Point de départ:

Les vêtements pour filles

un chemisier

un pull-over

un chapeau

une veste

une robe

un foulard

une marinière

un pantalon

un short

une jupe

un tailleur

un bermuda

un bikini

Les tissus (fabrics)

en laine *(wool)*	Il a acheté un pantalon **en laine.**
en maille jersey	C'est un chemisier **en maille jersey.**
en coton	Elle a porté une robe **en coton.**
en acrylique	C'est une jupe **en acrylique.**
en polyester	Je n'aime pas les pantalons **en polyester.**
en soie *(silk)*	Je viens d'acheter une robe **en soie.**
en toile *(canvas, sailcloth)*	Est-ce que tu as une veste **en toile?**
à rayures, rayé *(striped)*	J'aime les chemisiers **à rayures (rayés).**
imprimé *(print)*	Voilà, Mademoiselle, un bermuda **imprimé.**
à fond *(background)*	Elle a acheté une robe **à fond** blanc et **à**
à pois *(polka dots)*	**pois** bleus.
uni *(one color)*	Il préfère les vêtements **unis.**

À vous! ■■■■■■■■■■■■■■■■■■■■■■■■■■■■■■■

A. **Que portent-elles?** Identifiez ces vêtements pour jeunes filles.

MODÈLE: *Monique porte un short et un chemisier.*

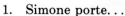

1. Simone porte...   2. Lise porte...

3. Anne-Marie porte. . .   4. Sylvie porte. . .

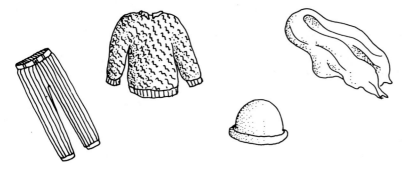

5. Chantal porte. . .

B. **J'ai. . . Je préfère. . .** Les filles: Regardez les dessins de l'Exercice A et dites quels vêtements vous possédez et quels vêtements vous ne possédez pas. Les garçons: Regardez les dessins et dites quels vêtements vous préférez.

MODÈLES: FILLE: *J'ai un foulard mais je n'ai pas de chapeau.*
GARÇON: *Pour les filles, je préfère les jupes. Je n'aime pas les pantalons.*

C. **Descriptions.** Décrivez les vêtements que portent Simone, Lise, Anne-Marie, Sylvie et Chantal dans les dessins de l'Exercice A. Si vous n'êtes pas sûr(e) du tissu, inventez une réponse.

MODÈLE: *Monique porte un short uni et un chemisier imprimé.*

1. Simone   4. Sylvie
2. Lise   5. Chantal
3. Anne-Marie

STRUCTURE

L'emploi du subjonctif pour exprimer la nécessité

Il faut que j'aille au centre commercial.

I have to go to the mall.

Tu as raison. **Il est nécessaire que tu achètes** une robe.

You're right. *You have to buy* a dress.

Il faut que and **il est nécessaire que** are two expressions that indicate necessity (someone must do something). Both of these expressions are followed by a verb in the subjunctive mood.

The subjunctive mood is used in sentences that have more than one clause and in which the speaker or writer expresses necessity. For instance, the first sample sentence contains two clauses—**il faut que** and **j'aille au centre commercial**. Note that the two clauses are connected by **que** and that the subjunctive is used only in the second clause—that is, after **que**.

The following endings are used with all verbs in the subjunctive except **avoir** and **être**: **-e, -es, -e, -ions, -iez, -ent.** Before you can use these endings, you must find out the correct verb stem.

Le présent du subjonctif des verbes en *-er* et en *-ir*

The simplest way to find the subjunctive stem of an **-er** or **-ir** verb is to drop the **-ons** ending from the present-tense **nous** form.

	parler **nous parlóns**	**réussir** **nous réussissóns**
(que)	je parl**e**	je réussiss**e**
	tu parl**es**	tu réussiss**es**
	il, elle, on parl**e**	il, elle, on réussiss**e**
	nous parl**ions**	nous réussiss**ions**
	vous parl**iez**	vous réussiss**iez**
	ils, elles parl**ent**	ils, elles réussiss**ent**

D. Remplacez les mots en italique par les mots donnés entre parenthèses et faites les changements nécessaires.

MODÈLE: Il faut que *tu* parles au professeur. (nous)
Il faut que nous parlions au professeur.

1. Il faut que *j'*étudie mon français. (vous / elle / tu / nous / ils)
2. Il est nécessaire que *tu* finisses les devoirs. (je / nous / il / vous / elles)
3. Il faut que *nous* mangions des légumes. (tu / elle / vous / ils / je)
4. Il faut qu'*elle* achète un chemisier. (je / vous / tu / elles)
5. Il est nécessaire qu'*ils* téléphonent à leur grand-mère. (je / tu / nous / elles / vous / il)
6. Il faut que *je* cherche un appartement. (nous / ils / vous / elle / tu / je)

Le présent du subjonctif des verbes *avoir* et *être*

The present subjunctive forms of **avoir** and **être** are irregular.

	avoir	être
(que)	j' **aie**	je **sois**
	tu **aies**	tu **sois**
	il, elle, on **ait**	il, elle, on **soit**
	nous **ayons**	nous **soyons**
	vous **ayez**	vous **soyez**
	ils, elles **aient**	ils, elles **soient**

Le présent du subjonctif des verbes *aller* et *prendre*

Both **aller** and **prendre** have a second stem for the first- and second-person plural forms (**nous** and **vous**).

	aller	prendre
(que)	j' **aille**	je **prenne**
	tu **ailles**	tu **prennes**
	il, elle, on **aille**	il, elle, on **prenne**
	nous **allions**	nous **prenions**
	vous **alliez**	vous **preniez**
	ils, elles **aillent**	ils, elles **prennent**

Application ∎∎∎∎∎∎∎∎∎∎∎∎∎∎∎∎∎∎∎∎∎∎∎∎∎∎∎

E. **D'abord. . .** Vous voulez aller au centre commercial pour acheter des vêtements, mais votre mère veut que vous fassiez d'abord autre chose. Jouez le rôle de la mère. Employez **il faut que** ou **il est nécessaire que** avec les éléments donnés.

MODÈLE: m'aider avec la vaisselle
— *Je veux aller au centre commercial.*
— *D'abord il faut que tu m'aides avec la vaisselle.*
— *D'accord. Je vais faire la vaisselle.*

1. ranger ta chambre
2. aller à la boulangerie
3. aller trouver ta sœur
4. parler à ton père
5. aider ton frère avec son français
6. manger quelque chose
7. prendre une douche
8. finir tes devoirs de français

F. **Des objections.** Réagissez, selon le modèle, en donnant le contraire des phrases suivantes.

MODÈLE: Il ne va pas à Paris.
Mais il faut qu'il aille à Paris!

1. Nous n'allons pas à la banque aujourd'hui.
2. Il n'étudie pas le japonais.
3. Elle n'est pas à l'heure.
4. Nous n'allons pas chez les Durand.
5. Je ne vais pas à l'école aujourd'hui.
6. Nous ne prenons pas le métro.
7. Il ne réussit pas à ses examens.
8. Je n'ai pas de patience.
9. Elles ne mangent pas leurs légumes.
10. Nous ne visitons pas les châteaux de la Loire.

NOTE GRAMMATICALE

Autres expressions pour exprimer la nécessité

To encourage an action, use any of these expressions followed by the subjunctive:

Il vaut mieux que tu **prennes** le train.	*It would be better for* you *to take* the train.
Il est préférable qu'il **aille** en France.	*It's preferable for* him *to go* to France.
Il est important que vous **étudiiez.**	*It's important for* you *to study.*
Il est essentiel qu'elle **mange** quelque chose.	*It's essential that* she *eat* something.

G. **Comment?** Vous allez faire un voyage en train avec un groupe de camarades. L'organisateur (l'organisatrice) du voyage vous explique ce qu'il faut faire, mais vous et vos camarades ne faites pas très attention. Suivez le modèle.

MODÈLE: il est préférable / voyager en groupe
          L'ORGANISATEUR: *Il est préférable que vous voyagiez en groupe.*
          ÉTUDIANT A: *Pardon?*
          ÉTUDIANT B: *Il est préférable que nous voyagions en groupe.*

1. il est préférable / prendre le train de 8h
2. il est essentiel / être à la gare avant 7h
3. il faut / être à l'heure
4. il vaut mieux / prendre un taxi pour aller à la gare
5. il est nécessaire / avoir des réservations
6. il est important / apporter quelque chose à manger

H. **À mon avis. . .** Utilisez une des expressions que vous venez d'apprendre dans cette **étape** pour encourager les actions de vos amis.

MODÈLE: Je ne veux pas aller en ville, je vais regarder la télévision.
        À mon avis, il vaut mieux que tu ailles en ville.

1. Je ne veux pas étudier, je vais jouer au football.
2. Nous n'allons pas prendre le métro, nous allons prendre un taxi.

3. Nous ne voulons pas apprendre une langue, nous allons étudier l'informatique *(computer science)*.
4. Je ne vais pas téléphoner à mes parents, je vais téléphoner à un ami.
5. Je ne veux pas manger les légumes, je vais manger la viande.
6. Nous ne sommes jamais à l'heure, nous sommes toujours en retard.
7. Je ne veux pas parler français, je vais parler anglais.
8. Je ne vais pas aller à la bibliothèque, je vais aller au cinéma.

I. **J'ai des ennuis.** *(I have problems.)* Vos amis ont besoin de conseils *(advice)* parce qu'ils ont de petits problèmes. Employez les expressions **il faut que, il est nécessaire que, il vaut mieux que, il est important que, il est essentiel que** et le subjonctif pour les aider.

MODÈLE: ne pas réussir aux examens de français
     — *Je ne réussis pas aux examens de français.*
     — *Il faut que tu étudies.*
   ou: *Il est important que tu parles au professeur.*
     — *Bon, d'accord. Je vais étudier (parler au prof).*

1. aller à une soirée et ne pas avoir de vêtements
2. avoir des difficultés dans le cours de maths
3. ne pas avoir assez d'argent pour acheter une voiture
4. ne pas être en bonne santé et maigrir
5. aller à Vail et ne pas savoir faire du ski

On va à une soirée

Écoutez la bande que votre professeur va jouer pour vous. En particulier, faites attention aux expressions utilisées pour demander ou donner son avis *(opinion)*.

Dans la première partie, Béatrice et Annick discutent des vêtements qu'elles vont mettre pour aller à une soirée. Dans la deuxième partie, Jean-Paul et Michel parlent des vêtements que portent Annick et Béatrice.

ON S'EXPRIME

Expressions pour demander et donner une opinion

Qu'est-ce que tu penses de cette jupe?

Je pense qu'elle est très chic.

Et la jupe, qu'est-ce que tu en penses?

Je trouve qu'elle est jolie.

Comment trouves-tu cette jupe?

À mon avis, elle fait trop habillée *(is too formal or dressy).*

À vous!

J. **Qu'est-ce que tu en penses?** Demandez l'avis de vos camarades sur les vêtements des autres élèves dans la classe. Vos camarades vont donner une opinion en employant les expressions ci-dessus et des adjectifs. Quelques adjectifs: **long, court, confortable, chic, à la mode, étroit, joli, moche, simple, cher, beau, formel, extraordinaire, ample, serré** *(tight),* **bizarre, chouette.**

MODÈLE: marinière
    — *Qu'est-ce que tu penses de cette marinière?*
ou: *Comment trouves-tu cette marinière?*
ou: *Et cette marinière, qu'est-ce que tu en penses?*
    — *Je trouve qu'elle est très jolie, mais elle est trop grande.*

Printemps
64, Bd Haussmann, Paris ▪ 75009

LE PLUS PARISIEN DES GRANDS MAGASINS

1988

K. **Dans un grand magasin.** Vous (fille) êtes dans un grand magasin avec
un(e) ami(e) pour acheter des vêtements. Vous demandez l'avis de votre
ami(e) au sujet des vêtements dans les dessins suivants. Votre ami(e)
donne sa préférence et vous conseille quel vêtement acheter.

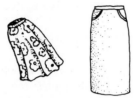

MODÈLE: — *Voilà une jupe courte imprimée et une jupe longue unie.*
         Qu'est-ce que tu en penses?
         — *J'aime mieux les jupes longues et tu as un chemisier*
         imprimé. Il vaut mieux que tu achètes la jupe longue unie.

1.

2.

3.

4.

5.

STRUCTURE

Le subjonctif des verbes **mettre, faire, pouvoir, savoir, sortir** *et* **partir**

Il faut que **je mette** la table.	I have *to set* the table.
Il vaut mieux que **tu fasses** tes devoirs.	It would be better *to do* your homework.
Il est important qu'**elle puisse** parler à Philippe.	It's important that *she be able* to talk to Philippe.
Oui, il faut qu'**elle sache** la vérité.	Yes, she has *to know* the truth.
Il faut que **je sorte** ce soir.	I have *to go out* tonight.
Et toi, il faut que **tu partes** pour Toulouse.	And you have *to leave* for Toulouse.

The following are the present subjunctive stems for the verbs **mettre**, **faire**, **pouvoir**, **savoir**, **sortir**, and **partir**:

mettre	**mett-**	Il faut que je **mette** la table.
faire	**fass-**	Il faut que tu **fasses** tes devoirs.
pouvoir	**puiss-**	Il faut qu'il **puisse** donner son avis.
savoir	**sach-**	Il faut que nous **sachions** la vérité.
sortir	**sort-**	Il faut que vous **sortiez** plus souvent.
partir	**part-**	Il faut qu'elles **partent** immédiatement.

Application

L. Remplacez les mots en italique par les mots donnés entre parenthèses et faites les changements nécessaires.

1. Il faut que *tu* mettes un pull-over. (je / vous / elle / nous / ils)
2. Il est important qu'*elle* fasse attention. (je / vous / elles / nous / il)
3. Il est essentiel qu'*ils* puissent aller à la pharmacie. (je / vous / tu / elle / nous)
4. Il faut que *vous* sachiez la réponse. (tu / elles / nous / il / vous / je)
5. Il est préférable que *tu* sortes avec nous. (elle / vous / ils / tu)
6. Il est nécessaire que *nous* partions à l'heure. (il / vous / tu / elles / je)

M. **Il faut. . .** Expliquez ce que les personnes dans les dessins doivent faire pour résoudre leurs problèmes. Employez **il faut que** ou **il est nécessaire que** suivi du subjonctif.

MODÈLE: *Il faut qu'il étudie. Il est nécessaire qu'il parle à son professeur. Il faut qu'il fasse ses devoirs. Il faut qu'il sache les réponses. Il est nécessaire qu'il apprenne les formules. Etc.*

1. Qu'acheter?

2. Que faire?

3. Que faire?

4. Que faire?

N. **La semaine prochaine.** Expliquez à votre partenaire ce que vous devez faire la semaine prochaine. Employez les expressions **il faut que, il est nécessaire que, il est important que, il est essentiel que** et le subjonctif des verbes que vous avez appris, pour indiquer vos obligations.

MODÈLE: *Il faut absolument que j'aille chez le dentiste. Il est nécessaire que j'achète un cadeau pour mon frère. Etc.*

DÉBROUILLONS-NOUS!

Exercice écrit

O. **Une lettre.** An exchange student from Niger in Africa is about to come to your school. Because you know French, you've been asked to write her a letter about what clothing she should bring. Tell her about the climate throughout the year in your region. Then use expressions of necessity and the subjunctive of **apporter** to give her advice about what to bring.

Exercice oral

P. **Il faut que tu portes...** The exchange student has now arrived from Niger. She doesn't know what clothes to wear for various occasions. Use the expressions you have learned and the subjunctive of either **mettre** or **porter** to tell her what girls wear *to an informal party, to a dance, to school, to a football game, to a movie,* and *to a restaurant with a date.*

MODÈLE: — *Qu'est-ce que je mets pour aller à une soirée?*
— *Pour aller à une soirée, il faut que tu mettes une jupe avec un chemisier.*

Deuxième étape

Point de départ:

Les vêtements pour garçons

■■■■■■■■■■■■■■■■■■■■■■■■■■■■■■

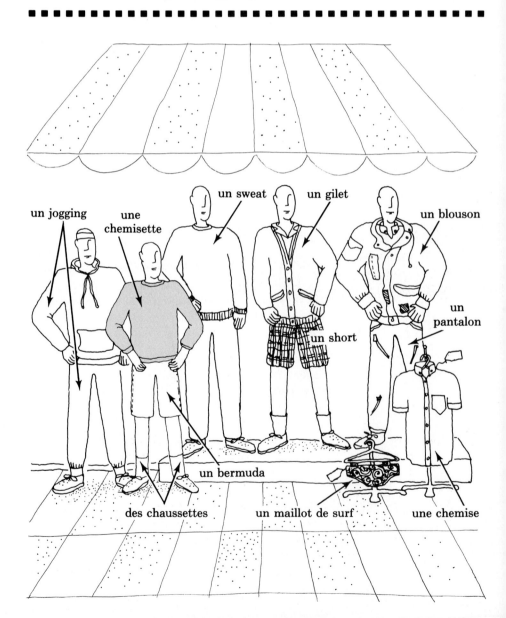

un jogging

une chemisette

un sweat

un gilet

un blouson

un short

un pantalon

un bermuda

une chemise

des chaussettes

un maillot de surf

À vous! ■■■■■■■■■■■■■■■■■■■■■■■■■■■■■■■■

A. **Que portent-ils?** Identifiez les vêtements que portent les garçons dans les dessins suivants.

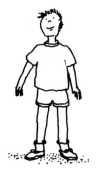

François

MODÈLE:

François porte un T-shirt et un short.

1. Paul   2. Henri   3. Hervé   4. Serge   5. Roland

B. **Comment est-ce qu'il s'habille?** *(How does he dress?)* Donnez les traits caractéristiques d'un garçon que vous connaissez. Ensuite expliquez comment il s'habille.

MODÈLE: *Mon frère John est très sportif. Il adore jouer au football, il fait du jogging et il joue au basket et au base-ball. Il n'est pas très à la mode. Il porte toujours la même chose. À la maison il porte un jogging ou un short avec un sweat. À l'école il porte un jean et un T-shirt. Quelquefois il met un pantalon, une chemise et un blouson.*

REPRISE

C. **Qu'est-ce qu'il faut que je fasse?** Parce que vous êtes connu(e) pour votre bon sens *(common sense),* vos amis vous demandent toujours des conseils. Pour chaque problème qu'ils posent, proposez des solutions. Employez **il faut que** avec le subjonctif dans vos réponses.

MODÈLE: Chaque fois que je demande à Francine de sortir avec moi, elle trouve une raison pour refuser. Je ne comprends pas pourquoi elle ne veut pas sortir avec moi.
À mon avis, il faut que tu parles avec elle. Il faut que tu sois honnête avec elle.

1. Je dépense *(spend)* mon argent trop rapidement. Quand j'ai un peu d'argent à la banque, j'achète toujours quelque chose. Je sors souvent avec mes amis et je mange au fast-food trois fois par semaine. J'adore les vêtements. Mes amis pensent que je suis matérialiste. Qu'est-ce que je peux faire?

2. J'ai beaucoup de difficultés dans mon cours de mathématiques. Mon professeur pense que je ne travaille pas assez. Je suis sûr(e) que je ne suis pas doué(e) pour *(talented in)* les mathématiques. Je ne comprends pas les explications en classe. Tous mes amis ont une calculatrice. Est-ce que c'est la solution à mon problème?

3. Je suis très paresseux(-se). Quand je suis à la maison je ne veux pas faire les devoirs. Le week-end je reste au lit jusqu'à midi. Je sors rarement avec mes amis. Je ne sais pas ce que je veux faire dans la vie. J'aime l'argent, mais je ne veux pas travailler trop dur *(hard).* Qu'est-ce que je dois faire?

D. **Des femmes à la mode.** Décrivez les vêtements que portent les trois mannequins.

1. Balmain

2. Chanel

3. Dior

STRUCTURE

L'emploi de l'infinitif pour exprimer la nécessité

Qu'est-ce que nous devons faire avant de partir?

D'abord, **il faut acheter** les billets.	First, *we have to buy* the tickets.
Ensuite, **il est important de réserver** les chambres d'hôtel.	Then *it's important to reserve* the hotel rooms.
Enfin, **il est essentiel de faire** les valises.	Finally, *it's essential to pack.*

The expressions of necessity you learned in the **Première étape** can be used with an infinitive if there is no confusion about who is going to carry out the action. In the example above, the question «**Qu'est-ce que nous devons faire avant de partir?**» establishes that *we* is the subject of all of the things that have to be done.

To use an infinitive with an expression of necessity, drop the **que** and, in some cases, add the preposition **de,** as follows:

> **il faut** + *infinitive*
> **il vaut mieux** + *infinitive*
> **il est nécessaire de** + *infinitive*
> **il est préférable de** + *infinitive*
> **il est important de** + *infinitive*
> **il est essentiel de** + *infinitive*

If you want to say that something should not be done, put **ne pas** in front of the infinitive:

Il vaut mieux **ne pas parler** en classe.	It's better *not to talk* in class.
Il est préférable de **ne pas sortir** ce soir.	It's preferable *not to go out* tonight.

The negative of the expression **il faut** is an exception to this rule, and is formed by placing **ne** before **faut** and **pas** directly after it:

Il **ne faut pas aller** au cinéma ce soir!	You *must not go* to the movies tonight!

Application ■■■■■■■■■■■■■■■■■■■■■■■■■■■■■■■■

E. Remplacez les mots en italique par les mots entre parenthèses et faites les changements nécessaires.

1. *Il est important d'*écouter le professeur. (il faut / il est nécessaire de / il est essentiel de)
2. *Il faut* être à la mode. (il est important de / il est préférable de / il vaut mieux)
3. *Il est nécessaire de* mettre un pull-over. (il faut / il vaut mieux / il est préférable de / il est important de)
4. *Il est important de* ne pas trop manger. (il est préférable de / il faut)

F. Qu'est-ce qu'il faut faire? Vous et vos amis, vous voulez préparer un bon dîner pour vos parents. Utilisez les éléments donnés pour expliquer ce qu'il faut faire pour vous préparer.

MODÈLE: faire les courses
           Il faut faire les courses.

1. acheter de la viande et des légumes
2. choisir les boissons
3. nettoyer *(to clean)* la maison
4. faire la cuisine
5. mettre la table
6. changer de vêtements

G. Qu'est-ce qu'il faut mettre? Employez les éléments donnés pour expliquer quels vêtements il faut mettre et quels vêtements il vaut mieux ne pas mettre dans certaines situations.

MODÈLE: à une soirée élégante
           Il faut mettre une robe. Il faut mettre un pantalon et une chemise. Il vaut mieux ne pas mettre un jean et un sweat.

1. à un pique-nique
2. au théâtre
3. à l'église ou à la synagogue
4. à la plage

H. Des préparatifs. Décidez ce qu'il faut faire pour vous préparer pour chacune des activités suivantes. Employez les expressions de nécessité avec des infinitifs.

MODÈLE: un voyage
           Il faut acheter des billets. Il est nécessaire de réserver les chambres d'hôtel. Il faut faire les valises. Il est important de faire nos adieux à nos amis. Etc.

1. un voyage
2. un dîner important
3. un week-end à la plage

4. une soirée
5. un examen
6. l'anniversaire d'un(e) ami(e)

Aux Galeries Lafayette

Écoutez la bande que votre professeur va jouer pour vous. En particulier, faites attention aux expressions utilisées pour indiquer qu'on est d'accord.

LES GALERIES LAFAYETTE

vous souhaitent la bienvenue à Nice,
et espèrent que votre séjour
sera très agréable.

Notre téléphone : 85.40.21.

Nous acceptons les cartes.*

Galeries Lafayette

Place Masséna

NICE

SERVICES GALERIES LAFAYETTE

Les GALERIES LAFAYETTE vous présentent les
dernières créations des plus grandes
Marques françaises, sélectionnées à votre
attention. Institut de Beauté, Salon de Coiffure,
(2e étage). Banque, Change, Détaxe, (4e étage).
DÉTAXE : aux GALERIES LAFAYETTE
vous pouvez obtenir sur certains articles la détaxe
au titre de exportation. Tous renseignements,
Caisse 1, 4e étage.

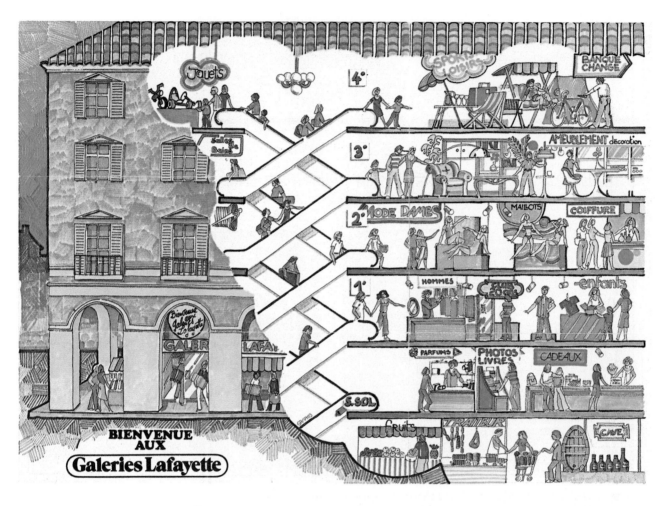

young people

À Nice, un groupe de **jeunes gens** va passer samedi à faire des courses. C'est la saison de Noël et il y a beaucoup de monde dans tous les grands magasins. Pascale, Albert, Francine et Serge décident où ils vont faire leurs courses.

Les quatre amis sont aux Galeries Lafayette. Ils se séparent pour faire leurs achats. Plus tard ils vont se retrouver pour aller au café.

ON S'EXPRIME

Expressions pour indiquer qu'on est d'accord

On va aux Galeries Lafayette?   **D'accord. (D'acc., O.K.)**
                                            Oui, pourquoi pas?
                                            C'est d'accord.
                                            Je veux bien.
                                            Oui. C'est décidé. On y va.

Ce pantalon est moche!   **Tu as raison. (Vous avez raison.)**
                                            Je suis d'accord.
                                            C'est vrai.

Expressions pour indiquer qu'on n'est pas d'accord

On va aux Galeries Lafayette?   **Non. Moi, je préfère. . .**
                                            Si tu veux. Mais moi, je
                                               préfère. . .
                                            Moi, j'aime mieux. . .
                                            Ça ne me tente pas.

Ce pantalon est moche!   **Je ne suis pas d'accord.**
                                            Pas du tout! Il est. . .
                                            Au contraire! Il est. . .

À vous!

I.   **Où aller?** Vous et vos amis, vous avez décidé de faire du shopping, mais vous n'êtes pas d'accord où aller. Chaque fois que quelqu'un propose un grand magasin, quelqu'un d'autre en propose un autre.

MODÈLE: On va aux Galeries Lafayette? (au Printemps)
                Non, moi, je préfère aller au Printemps.

1. Alors, on va au Printemps. (au Prisunic)
2. Bon, c'est d'accord. On va au Prisunic. (au Monoprix)
3. Pourquoi pas? On va au Monoprix. (à Auchan)
4. C'est d'accord. On va à Auchan. (au Mammouth)
5. O.K. On va au Mammouth. (à la Redoute)
6. D'accord. On va à la Redoute. (au Carrefour)
7. Je veux bien. On va au Carrefour. (à la Samaritaine)
8. Pourquoi pas? On va à la Samaritaine. (au Bazar de l'Hôtel de Ville)
9. D'acc. On va au BHV. (aux Galeries Lafayette)
10. Oui. C'est décidé. On va aux Galeries Lafayette! (au Prisunic)

J. **Alors, il faut que...** Vous êtes aux Galeries Lafayette avec des amis. Vous avez le plan du magasin (à voir la page 48) et vous pouvez donc dire à vos amis à quel étage ils peuvent trouver les choses qu'ils cherchent.

MODÈLE: J'ai besoin d'un pantalon pour hommes.
Alors, il faut que tu montes au premier étage.

1. Nous cherchons les bicyclettes.
2. Et moi, je voudrais une lampe pour ma chambre.
3. Paul veut acheter un livre pour son cousin.
4. Elle a besoin d'un sac à dos.
5. Où est-ce que je vais pour acheter un maillot de bain?
6. Nous avons besoin de vêtements pour la petite Janine.
7. Je cherche des cadeaux pour mes amis.
8. Et moi, je voudrais aller chez le coiffeur.
9. Nous cherchons des jouets.
10. Je veux aller aux toilettes.

DÉBROUILLONS-NOUS !

Exercice oral

K. **Faisons du shopping!** Organize a clothes-shopping trip in your town with your friends. Decide which stores you'll go to and what clothes you have to buy.

Exercice écrit

L. **J'ai acheté...** One of your best friends is spending the year in Quebec. You write to him/her regularly about what you and your friends are doing. In this letter, tell about your shopping trip. Describe the clothes you and your friends bought and note the occasions for which you're going to wear them. Begin and end your letter appropriately.

Lexique

On s'exprime

Pour exprimer la nécessité

il est essentiel de (que)	il est préférable de (que)
il est important de (que)	il faut (que)
il est nécessaire de (que)	il vaut mieux (que)

Pour demander l'opinion

Comment trouves-tu (trouvez-vous). . . ?
Qu'est-ce que tu penses (vous pensez) de. . . ?
Qu'est-ce que tu en penses (vous en pensez)?

Pour donner son opinion

À mon avis, . . .
Je pense que. . .
Je trouve que. . .

Pour dire qu'on est d'accord

C'est d'accord.
C'est vrai.
D'accord. (D'acc., O.K.)
Je suis d'accord.
Je veux bien.
Oui. C'est décidé.
Oui, pourquoi pas?
Tu as raison. (Vous avez raison.)

Pour dire qu'on n'est pas d'accord

Au contraire!
Je ne suis pas d'accord!
Non, moi je préfère. . .
Pas du tout!
Si tu veux, mais moi, je préfère. . .

Pour décrire les vêtements

à la mode
ample
beau (belle)
bizarre
cher(-ère)
chic
chouette
confortable
court(e)
extraordinaire
faire trop habillé(e)
joli(e)
long(ue)
moche
serré(e)

Thèmes et contextes

Les tissus (m.pl.)

en acrylique	à fond (+ *color*)		
en coton	à pois		
en laine	à rayures		
en maille jersey	clair(e)		
en polyester	foncé(e)		
en soie	imprimé(e)		
en toile	rayé(e)		
	uni(e)		

Les vêtements (m.pl.)

un bermuda	un foulard	un pull-over
un bikini	un gilet	une robe
un blouson	un jean (un blue-jean)	un short
un chapeau	un jogging	un sweat(shirt)
une chaussette	une jupe	un tailleur
une chemise	un maillot de surf (de bain)	un T-shirt
une chemisette	une marinière	une tenue
un chemisier	un pantalon	une veste

Vocabulaire général

Noms

un avis	les jeunes gens *(m.pl.)*
le bon sens	un marché aux puces
un coiffeur	la mode
un conseil	un(e) organisateur (-trice)
une coupe	un patron
un escalier roulant	une revue de mode
un grand magasin	la vérité
l'informatique *(f.)*	une vitrine

Adjectifs

cher(-ère)
plein

Verbes

dépenser
faire attention à
porter

Autres expressions

amitiés
Ça te va très bien!
être à la mode

INTÉGRATION CULTURELLE

L'INDUSTRIE DE LA MODE

Galeries Lafayette (Paris)

Monoprix (Paris)

Boutique Dior

INTÉGRATION

A. **Où est-ce qu'ils achètent leurs vêtements?** Lisez les descriptions des personnes et décidez dans quel magasin elles achètent leurs vêtements. Le **Monoprix** est un magasin bon marché; les **Galeries Lafayette** ont des vêtements plus chers; la **Boutique Dior** vend des vêtements de haute couture. Expliquez aussi quels vêtements elles peuvent acheter.

MODÈLE: Michel est étudiant en médecine. Il n'a pas beaucoup d'argent et il est toujours obligé de faire des économies. Il ne s'intéresse pas beaucoup à la mode et il achète seulement ce qui est absolument nécessaire.
Il achète ses vêtements au Monoprix. Il peut acheter des chemises et des pantalons qui sont simples et bon marché.

1. Marie-Claude est d'une famille priviliégée. Elle est toujours à la mode et l'argent n'est pas un problème.
2. Francine aime les vêtements. Elle fait des économies pour être à la mode, mais elle ne peut pas se permettre d'acheter dans les boutiques.
3. Marcel s'habille bien. Il n'est pas riche et il n'achète pas beaucoup de vêtements. Il achète les vêtements qui sont à la mode mais qui ne coûtent pas une fortune.
4. Philippe et ses amis font partie d'un groupe très chic. Ils sont toujours à la mode et ils n'ont pas d'ennuis d'argent. Pour eux, l'important, c'est de faire leurs achats dans les meilleurs magasins.
5. Simone n'achète pas beaucoup de vêtements, mais elle ne veut pas dépenser son argent pour des choses qui sont trop bon marché. Elle préfère acheter des vêtements qui sont bien faits même s'ils coûtent un peu plus.
6. Bernard cherche toujours des soldes. Il n'aime pas faire les courses et il veut des vêtements qui sont très confortables et qui coûtent très peu.

Lecture: *Inès à la mode Chanel*

Vous avez peut-être déjà reconnu le visage d'Inès: elle est souvent à la télé et dans les revues féminines, dans des publicités pour le nouveau parfum de Chanel, *Coco*. Le vrai nom d'Inès, c'est Marie Laetitia Églantine Isabelle de Seignard de la Fressange. Elle est grande, mince et élégante: elle est aussi très intelligente. Inès adore le dessin: elle l'a étudié avant de devenir mannequin. Le père d'Inès est français, sa mère est argentine. La famille habite à soixante-quatre kilomètres de Paris, dans la campagne. Inès a aussi un appartement à Londres, où elle va quand elle ne travaille pas. Elle a un petit chien avec un nom anglais, James. Inès adore son travail pour Chanel, mais elle voudrait un jour faire un film. Bonne chance, Inès!

Inès de la Fressange

Compréhension ■■■■■■■■■■■■■■■■■■■■■■■■

B. **Inès de la Fressange.** Lisez le texte sur ce mannequin *(model)* célèbre, puis décidez si les phrases suivantes sont vraies ou fausses. Corrigez les phrases qui sont fausses à l'aide des renseignements du texte.

1. Inès fait de la publicité seulement dans les revues de mode.
2. Elle fait surtout de la publicité pour le parfum.
3. Elle travaille pour Chanel.
4. Le père d'Inès est argentin et sa mère est française.
5. Avant de devenir mannequin, elle était actrice.
6. Sa famille habite dans la ville de Paris.
7. Elle a aussi un appartement à Londres.
8. Un jour, elle voudrait être actrice.

Note Culturelle

Comme vous le savez, la France est très connue pour la haute couture *(high fashion)* et pour ses couturiers et couturières *(fashion designers)*. Coco Chanel, Yves Saint-Laurent, Givenchy, Pierre Cardin, Balenciaga, Carven, Christian Dior, Ricci, Schiaparelli, Christian Lacroix, Karl Lagerfeld et Thierry Mugler sont connus dans le monde entier. Ces couturiers ont des boutiques dans toutes les grandes villes du monde et ils contribuent chaque année à la nouvelle mode présentée à Paris.

Mais tous ces couturiers ne font pas uniquement les vêtements. Dans leurs boutiques on peut acheter toutes sortes d'articles de luxe, y compris *(including)* du parfum, des savons, des gants *(gloves)*, des foulards, des cravates *(ties)* et d'autres accessoires.

Chapitre deux

Est-ce que je peux essayer...?

1.

2.

3.

4.

Pouvez-vous deviner les deux vêtements que j'ai créés?

Christian Dior:
Vêtements classiques
et sophistiqués.

Calvin Klein:
Vêtements modernes
et simples.

Première étape

Point de départ:

Au rayon des vêtements

SALONS D'ESSAYAGE

SOLDES

UNGARO

PRIX SPÉCIAL

CAISSE

VÊTEMENTS DE TRAVAIL

CHANEL

Note Culturelle

Si vous achetez des vêtements en France, vous allez voir que les tailles *(sizes)* sont déterminées de façon différente qu'aux États-Unis.

Pour les enfants et les adolescents jusqu'à 16 ans, les tailles sont calculées en centimètres *(1 inch* = 2.54 cm.). N'oubliez pas qu'il y a 100 centimètres dans un mètre. Pour trouver votre taille, il faut mesurer **le tour de poitrine** *(chest size)*, **le tour de taille** *(waist size)* et **le tour de hanches** *(hip size)*. Pour les pantalons, il faut mesurer **l'entrejambes** *(inseam)*.

FILLES.

Stature en cm	105 à 116	117 à 128	129 à 140	141 à 152	153 à 158	159 à 164
Tour de poitrine en cm	60	64	70	78	82	88
Tour de taille en cm	54	56	58	60	61	62
Tour de bassin en cm	66	70	76	84	88	92
Taille à commander	114	126	138	150	156	162
Age moyen	5/6 ans	7/8 ans	9/10 ans	11/12 ans	13/14 ans	15/16 ans

GARÇONS.

Stature en cm	105 à 116	117 à 128	129 à 140	141 à 152	153 à 164	165 à 176
Tour de poitrine en cm	60	64	68	75	82	88
Tour de taille en cm	54	56	59	63	66	71
Tour de bassin en cm	62	66	71	78	84	92
Taille à commander	114	126	138	150	162	174
Age moyen	5/6 ans	7/8 ans	9/10 ans	11/12 ans	13/14 ans	15/16 ans

À partir de l'âge de 17 ans, les tailles ne sont plus calculées en centimètres. Voici les équivalents américains des tailles françaises:

Tailles pour femmes et hommes
Dames: Robes, tailleurs (suits) *et manteaux* (coats)

Tailles américaines	5/6	7/8	9/10	11/12	13/14	15/16
Tailles françaises	36	38	40	42	44	46

Dames: Vêtements en laine et chemisiers

Tailles américaines	30	32	34	36	38	40	42
Tailles françaises	36	38	40	42	44	46	48

Messieurs: Complets (suits) *et pardessus* (overcoats)

Tailles américaines	34	36	38	40	42	44	46
Tailles françaises	44	46	48	51	54	56	59

Messieurs: Chemises

Tailles américaines	14.5	15	15.5	16	16.5
Tailles françaises	37	38	39	40	41

Messieurs: Vêtements en laine (pull-overs, chandails, vestes)

Tailles américaines	34	36	38	40	42	44	46
Tailles françaises	44	46	48	51	54	56	59

T-shirts:

Tailles américaines	XS	S	M	L	XL
Tailles françaises	1	2	3	4	5

À vous! ■■■■■■■■■■■■■■■■■■■■■■■■■■■■■■■■■■■■

A. **Au rayon des vêtements.** Aux rayons des vêtements, il y a toujours beaucoup d'affiches. Pour chaque phrase, choisissez l'affiche à la page 57 qui donne le renseignement que vous cherchez.

1. Vous voulez essayer un vêtement.
2. Vous cherchez les vêtements d'un(e) couturier(-ère) particulier(-ère).
3. Vous n'avez pas beaucoup d'argent.
4. Vous êtes riche et très chic.
5. Vous travaillez en **usine**.   factory
6. Vous cherchez une robe spéciale.
7. Vous aimez les choses bon marché.

B. **Quelle est votre taille?** Vous êtes au rayon des vêtements et vous voulez acheter les choses suivantes. Décidez quelle taille il vous faut et répondez selon le modèle. **Attention:** Déterminez votre taille selon votre âge.

MODÈLE: Je veux acheter un pull-over.
              Il me faut un 40.
   ou: *J'ai besoin d'un 32.*
   ou: *Je dois acheter un 54.*
   ou: *Il faut que j'achète un 36.*

1. J'ai besoin d'une robe (d'une chemise).
2. Je veux acheter un manteau (un pardessus).
3. Je dois acheter un pull-over.
4. Il me faut un chemisier (une chemise).
5. J'ai besoin d'un tailleur (d'un complet).
6. Je voudrais un blouson.

REPRISE

C. **Des projets pour le week-end.** Vous et votre ami(e), vous faites vos projets pour le week-end. Chaque fois que votre ami(e) présente deux possibilités, vous montrez votre préférence. Employez les expressions de nécessité (**il faut, il est préférable de, il est important de, il est nécessaire de, il vaut mieux, il est essentiel de**) et l'infinitif du verbe principal.

MODÈLE: aller au centre commercial / aller à la Fnac
— *On va au centre commercial ou on va à la Fnac?*
— *Il vaut mieux aller à la Fnac.*

1. aller au cinéma / aller au théâtre
2. manger au Quick / manger au Macdo
3. faire un pique-nique / aller à la plage
4. sortir avec des amis / rester à la maison
5. regarder le match de football / regarder le match de base-ball
6. faire du vélo / jouer au tennis
7. prendre le métro / aller à pied
8. faire les devoirs / regarder la télé

STRUCTURE

Les pronoms d'objets indirects lui et leur

Tu parles **au professeur** aujourd'hui?	Are you talking *to the teacher* today?
Oui, je **lui** parle dans quelques instants.	Yes, I'm talking *to him (to her)* in a few minutes.
Quand tu **lui** parles, dis-**lui** que je vais être en retard.	When you talk *to him (to her)*, tell him (her) that I'm going to be late.
Est-ce qu'il achète quelque chose **pour ses parents?**	Is he buying something *for his parents?*
Oui, il **leur** achète des vêtements.	Yes, he's buying *them* clothes.

Lui and **leur** are third-person, indirect-object pronouns that replace nouns used as indirect objects. In French, a noun used as an indirect object is introduced by the preposition **à** (or **pour** in the case of **acheter**). The indirect object pronoun therefore replaces **à** + person.

Lui replaces **à** + a feminine or masculine singular noun. Only the context makes it clear whether **lui** represents a male or a female.

Leur replaces **à** + a masculine or feminine plural noun. Again, only the context tells whether **leur** represents males or females. (It may also represent a group of both males and females.)

Note that these two pronouns are used only with people, not with things.

Lui and **leur** take the following positions in sentences:

Present tense:	**lui** + conjugated verb	Elle ne **lui** parle pas.
	leur + conjugated verb	Il **leur** raconte une histoire.
Imperative:	command form + **lui**	Donnez-**lui** cette cassette!
	command form + **leur**	Montre-**leur** les photos!

These verbs that you've already learned take an indirect object (noun or pronoun):

acheter (pour)	expliquer	parler
apporter	montrer	prêter *(to lend)*
apprendre	obéir	raconter
donner		téléphoner

Application ■■■■■■■■■■■■■■■■■■■■■■■■■

D. Remplacez les mots en italique par les pronoms **lui** ou **leur.**

MODÈLE: Je téléphone souvent *à ma grand-mère.*
Je lui téléphone souvent.

1. Ils achètent toujours quelque chose *pour les enfants.*
2. Je parle *à mon amie* une fois par jour.
3. Elle ne prête pas ses disques *à son frère.*
4. Tu racontes toujours des histoires *à tes parents.*
5. Est-ce que vous montrez vos photos *à vos amis?*
6. J'apprends *à Suzanne* à jouer aux échecs.
7. Pour son anniversaire, nous achetons une voiture *pour Marc.*
8. Nous obéissons toujours *à nos professeurs.*

MODÈLE: Prête ton blouson *à ta sœur.*
                    Prête-lui ton blouson!

  9. Apportez des fleurs *à votre grand-mère!*
 10. Donne les clés *à ton père!*
 11. Téléphone *à tes amis* avant de partir!
 12. Obéissez toujours *à vos parents!*
 13. Montrons notre ordinateur *à Jacques!*
 14. Apprends *aux enfants* à chanter!
 15. Parlez des États-Unis *à Simone!*
 16. Prête les vidéos *à Paul et à Jean!*

E. **Rarement, souvent ou jamais?** Répondez aux questions en indiquant si vous faites les choses suivantes **rarement, souvent, ne . . . jamais, quelquefois** ou **de temps en temps.** Employez **lui** ou **leur** dans vos réponses.

MODÈLE: Est-ce que tu parles à tes grands-parents?
                    Oui, je leur parle souvent.
        ou: *Non, je leur parle rarement.*
        ou: *Non, je ne leur parle jamais.*

  1. Est-ce que tu téléphones à tes amis?
  2. Est-ce que tu obéis à tes parents?
  3. Est-ce que tu parles à ton professeur de français?
  4. Est-ce que tu racontes des histoires à ton(ta) meilleur(e) ami(e)?
  5. Est-ce que tu prêtes de l'argent à tes amis?
  6. Est-ce que tu achètes des cadeaux pour ton ami(e)?
  7. Est-ce que tu montres tes devoirs à tes camarades de classe?
  8. Est-ce que tu apportes une pomme à ton professeur?

F. **Moi et mes parents.** Vous et votre camarade de classe, vous discutez les rapports que vous avez avec les membres de votre famille. Chacun d'entre vous contribue au moins une phrase avec les éléments donnés. Employez **lui** ou **leur** dans les phrases.

MODÈLE: (parents) parler / problèmes
                    — *Moi, je leur parle souvent de mes problèmes.*
                    — *Ça dépend. Quelquefois je leur parle de mes problèmes.*

  1. (parents) montrer / examens
  2. (parents) montrer / notes
  3. (frère) prêter / cassettes
  4. (sœur) donner / conseils

5. (père) obéir
6. (mère) obéir
7. (parents) présenter / amis
8. (parents) acheter / cadeaux d'anniversaire

Il me faut...

Écoutez la bande que votre professeur va jouer pour vous. En particulier, faites attention aux expressions utilisées pour gagner du temps.

Dans les deux petites conversations, Albert et Élisabeth sont au magasin pour s'acheter des vêtements. Albert a besoin d'une chemise et Élisabeth cherche une robe.

ON S'EXPRIME

Expressions pour gagner du temps

Ben...	*Well, . . .*
Euh...	*Umm, . . .*
Eh bien...	*Oh well, . . .*
Bon alors...	*Well then, . . .*
Voyons...	*Let's see, . . .*

À vous!■■■■■■■■■■■■■■■■■■■■■■■■■■■■■■■■

G. **Des vêtements pour la rentrée.** *(Clothes for the beginning of school.)*
Vous allez au magasin pour acheter les vêtements indiqués. Pour chacun
de ces vêtements, imaginez la conversation avec la vendeuse ou le
vendeur. Parlez des couleurs, de la taille, du tissu et du prix.

MODÈLE: un anorak *(ski jacket)* / 480F
— *J'ai besoin d'un anorak.* ou: *Il me faut un anorak.*
— *De quelle couleur?*
— *Bleu marine. (foncé* = dark, *clair* = light)
— *Quelle est votre taille?*
— *Un 46, je pense.*
— *En toile, en coton?*
— *En toile.*
— *Voilà ce que vous cherchez.*
— *Oui, c'est très bien. C'est combien?*
— *480 francs, Monsieur.*
— *Bon, je le prends.*

Vêtements pour filles	**Vêtements pour garçons**
1. une jupe / 255F	6. une chemise / 99F
2. un pantalon / 180F	7. un pantalon / 289F
3. une robe / 378F	8. un gilet / 165F
4. un manteau / 852F	9. un blouson / 178F
5. une marinière / 84F	10. une chemisette / 79F

H. **Est-ce que je peux essayer...?** Vous êtes dans un magasin de vêtements
avec un(e) ami(e). Vous essayez ce que vous voulez acheter, choisissant de
la liste suivante, et votre ami(e) vous donne son opinion **(c'est trop
grand, c'est trop étroit, c'est trop long, ça te va très bien, ça te va à
merveille)** avec des expressions d'hésitation **(euh..., voyons..., ben...).**

MODÈLE: robe
— *Mademoiselle, est-ce que je peux essayer cette robe?*
— *Bien sûr, Mademoiselle. Le salon d'essayage est par là.*

Quelques minutes après...
— *Qu'est-ce que tu en penses?*
— *Euh... voyons... c'est un peu trop grand.*

un jean / un sweat / une robe / un manteau / un short / un maillot de bain / un
pull-over / un blouson / une veste / un chemisier / un jogging / un bermuda /
un gilet / une jupe / un pantalon

DÉBROUILLONS-NOUS!

Exercice oral

I. **Au rayon des vêtements.** You're in a department store buying clothes. Tell the salesperson what clothes you want, give your size and preferred color, ask how much they cost, and make your selection. Remember to greet the salesperson and say good-bye.

Exercice écrit

J. **Commentaires d'un(e) couturier(-ère).** Imagine that you have to present the clothes a male and a female model are going to wear at a fashion show. To prepare yourself for your presentation, you write out what you're going to say. Give complete descriptions of the outfits that the male and female models wear, including the type of material and the color.

MODÈLE: *Et voilà Jacqueline. Elle porte un tailleur très chic avec un chemisier à manches longues en coton imprimé, une veste...*

Deuxième étape

Point de départ:

Au rayon des chaussures

■ ■

Originales ces sandales qui font le pied joli. Elles ont mérité le certificat "Valeur Sûre" décerné par nos laboratoires. Dessus cuir vachette. Bride tressée sur le dessus. Première intérieure synthétique. Semelle élastomère. Talon 2 cm.

LES MOCASSINS EN CUIR : dessus doublé peau, première de propreté en peau. Patte fantaisie sur l'empeigne à plateau surpiqué. Elastique d'aisance sur le coup de pied. semelle cuir avec pattin d'usure en caoutchouc. Talon enrobé de cuir : 3.5 cm.

LES BOTTES BIEN CHAUDES. Elles vous protègeront efficacement contre le froid et l'humidité ! Fermées par zip sur le côté. En croûte de cuir, doublées. Talon : 6 cm. Semelle crêpe.

Mocassin-bateau garni d'une patte mexicaine. Dessus cuir vachette grainé. Demi-première intérieure synthétique. Empeigne et côtés garnis œillets et lacets. Semelle élastomère coloris assorti.

Les baskets en cuir souple. Elues «chaussures de l'été» pour leur look super-sympa, maintenant elles sortent aussi en ville ! "Valeur Sûre", elles sont en cuir pleine fleur. Entièrement doublées d'éponge. Tour de cheville matelassé. Première intérieure éponge sur mousse. Semelle élastomère cousue latéral.

talon 6 cm   talon 5 cm

Les espadrilles sortent en ville ! En cuir, elles sont de toutes les tenues d' été. Dessus cuir vachette. Première intérieure feutre. Semelle jute avec patin élastomère.

ADIDAS : Tennis Nastase. Tige en toile Tergale aérisée très confortable. Renfort avant en croûte de cuir. Haut de tige matelassé. Languette P.V.C. Semelle intérieure, non tissée sur mousse. Voûte plantaire. Laçage par œillets. Semelle moulée en polyuréthane. Idéale pour terrains durs.

Très féminins, des escarpins à prix intéressant, à choisir dans la couleur et la hauteur de talon qui vous convient.

Note Culturelle

Pour acheter des chaussures en France, on donne sa **pointure** *(shoe size)*. Les pointures françaises diffèrent des pointures américaines. Regardez la table de comparaison pour trouver votre pointure.

Pointures de chaussures

Femmes

Pointures américaines	4.5	5	5.5	6	6.5	7	7.5	8	9	10
Pointures françaises	36	36.5	37	37.5	38	38.5	39	39.5	40	40.5

Hommes

Pointures américaines	6	7	7.5	8.5	9	10	11	12
Pointures françaises	39	40	41	42	43	44	45	46

À vous! ■■■■■■■■■■■■■■■■■■■■■■■■■■■■■■■■■■

A. **Quelles chaussures avez-vous?** Demandez au vendeur (à la vendeuse) s'il (si elle) a les chaussures dans les dessins.

MODÈLE: — *Est-ce que vous avez des mocassins?*
            — *Oui, nous avons des mocassins.*

1.   2.   3.   4.

5.   6.   7.   8.

B. **Quelles chaussures?** Décidez quelles chaussures vous allez mettre dans les situations suivantes.

MODÈLE: Vous allez à la plage.
Je vais mettre des sandales.

1. Il fait très froid et il neige.
2. Vous allez à une soirée élégante.
3. Vous allez en classe et vous portez un blue-jean.
4. Vous faites une longue promenade dans Paris.
5. Vous êtes à la maison et vous voulez vous mettre à l'aise *(be comfortable).*
6. Il fait chaud et vous portez un short.
7. Vous allez jouer au basket.
8. Vous faites du jogging.

REPRISE

C. **Qu'est-ce qu'ils ont porté?** Vous êtes invité(e) à une soirée, mais vous êtes malade et ne pouvez pas y aller. Quand votre ami(e) rentre, il (elle) vous fait une description des vêtements que tout le monde portait à la soirée. Votre camarade de classe joue le rôle de l'ami(e) et invente des réponses.

MODÈLE: Marie
— *Et Marie, qu'est-ce qu'elle a porté?*
— *Elle a porté une jolie jupe mexicaine avec un chemisier en coton imprimé.*

1. Paul 2. Janine et Robert 3. la mère de Simone 4. toi 5. les parents de Josette 6. Suzanne 7. Marc 8. Hervé

D. **Quand...?** Imaginez la raison pour laquelle vous faites les choses suivantes. Employez les pronoms **lui** ou **leur** dans vos réponses.

MODÈLE: Quand est-ce que vous téléphonez à vos parents?
Je leur téléphone quand je vais rentrer tard.

1. Quand est-ce que vous parlez à votre mère (à votre père, ami[e])?
2. Quand est-ce que vous téléphonez à vos amis?
3. Quand est-ce que vous achetez des cadeaux pour vos amis?
4. Quand est-ce que vous prêtez de l'argent à vos amis?
5. Quand est-ce que vous parlez à votre professeur de français?
6. Quand est-ce que vous donnez vos disques à votre ami(e)?

STRUCTURE

*Les pronoms d'objets indirects **lui** et **leur** avec le **passé composé** et avec l'infinitif*

— Qu'est-ce que tu as acheté **pour tes parents?**	What did you buy *for your parents?*
— Je **leur** ai acheté des livres. Mais pour Noël je vais **leur** acheter des vêtements.	I bought *them* books. But for Christmas I'm going to buy *them* clothes.
— Et pour ta sœur?	And for your sister?
— Je **lui** ai acheté une calculatrice. Pour Noël je voudrais **lui** acheter un bracelet.	I bought *her* a calculator. For Christmas I'd like to buy *her* a bracelet.

In the **passé composé**, the indirect object pronouns **lui** and **leur** are placed directly in front of the helping verb in both the affirmative and the negative:

> Je **lui** ai acheté un disque.
> Nous ne **leur** avons pas prêté la vidéo.

In the construction *conjugated verb + infinitive,* **lui** and **leur** are placed in front of the infinitive in both the affirmative and the negative[1]:

> On va **lui** apporter des fleurs.
> Ils n'aiment pas **leur** prêter des livres.

Application

E. Remplacez les mots en italique.

1. Je lui ai donné *un stylo.* (une cassette / les clés / un bracelet / des chaussures / un pull / une caméra / un poster)
2. Il ne leur a pas prêté *les disques.* (les livres / le stylo / d'argent / ses vidéos / sa montre / le sac à dos / sa radio / ses raquettes de tennis)
3. Est-ce que tu vas lui acheter *un vélo?* (une calculatrice / une auto / des boucles d'oreilles / des bottes / un pull / une chemise / un feutre)
4. Non, je ne vais pas leur acheter *de vélo.* (de calculatrice / d'auto / de boucles d'oreilles / de bottes / de pull / de chemise / de feutre)

1. When two object pronouns are used in the same sentence, the order depends on whether the pronouns go before or after the verb. Before the verb, the order is **me, te, se, nous, vous, le, la, les, lui, leur** (**Je le lui ai donné.** *I gave it to him.*). After the verb, the direct-object pronoun precedes the indirect-object pronoun (**Donne-le-lui!** *Give it to him!*).

F. **Histoire d'un crime.** Quelqu'un vient de cambrioler *(rob)* un magasin. Vous êtes le témoin *(witness)* et vous répondez aux questions de la police. Employez **lui** ou **leur** dans vos réponses.

MODÈLE: Est-ce que vous avez parlé aux cambrioleurs? (oui)
Oui, je leur ai parlé.

1. Qu'est-ce que vous avez dit aux cambrioleurs? (de sortir)
2. Qu'est-ce que vous avez dit aux cambrioleurs? (que nous n'avons pas beaucoup d'argent)
3. Qu'est-ce que vous avez donné au jeune homme? (tout notre argent)
4. Est-ce que vous avez obéi aux cambrioleurs? (oui, bien sûr)
5. Qu'est-ce que vous avez montré à la jeune femme? (les bijoux)
6. Quand est-ce que vous avez téléphoné aux agents de police? (tout de suite après le crime)
7. Qu'est-ce que vous avez raconté à l'agent de police? (toute l'histoire)

G. **Oui et non.** Répondez aux questions à l'affirmatif et au négatif. Employez les pronoms **lui** et **leur** dans vos réponses et suivez les modèles.

MODÈLES: Est-ce que tu as téléphoné à Mireille? (hier matin / aujourd'hui)
Oui, je lui ai téléphoné hier matin, mais je ne lui ai pas téléphoné aujourd'hui.

Est-ce que vous allez donner la clé aux enfants? (l'argent)
Oui, nous allons leur donner la clé, mais nous n'allons pas leur donner l'argent.

1. Est-ce qu'ils ont parlé à leur professeur? (hier / aujourd'hui)
2. Est-ce que vous avez apporté le portefeuille à Simone? (le sac)
3. Est-ce qu'elle a appris les verbes aux élèves? (le vocabulaire)
4. Est-ce que tu vas montrer ton examen à François? (ma note)
5. Est-ce qu'il va parler à ses parents? (demain / aujourd'hui)
6. Est-ce que tu as raconté une histoire à Yves? (hier soir / ce soir)
7. Est-ce qu'elles vont téléphoner à leurs grands-parents? (la semaine prochaine / demain)
8. Est-ce que vous allez donner le pendentif à Sylvie? (le bracelet)
9. Est-ce que tu as acheté une montre pour Jean? (de bague)
10. Est-ce qu'il a prêté la chaîne stéréo à ses amis? (le magnétoscope)

Je voudrais échanger ces chaussures.

Écoutez la bande que votre professeur va jouer pour vous. En particulier, faites attention aux expressions utilisées pour indiquer le doute ou l'incertitude.

Samedi dernier Jean-Paul a acheté une paire de mocassins. Quand il est rentré à la maison, il a trouvé qu'ils étaient trop étroits. Le lendemain il est **donc** retourné au magasin pour échanger ses chaussures.

therefore

ON S'EXPRIME

Expressions pour indiquer le doute ou l'incertitude

Je ne suis pas sûr(e).	I'm not sure.
Je ne suis pas convaincu(e).	I'm not convinced.
..., je pense.	..., I think.
Je ne pense pas.	I don't think so.
Tu penses? (Vous pensez?)	Do you think so?
J'en doute.	I doubt it.

À vous!

H. **Au rayon des chaussures.** Choisissez les chaussures que vous allez acheter et imitez le modèle.

MODÈLE: mocassins
   — *Je voudrais essayer des mocassins.*
   — *Quelle est votre pointure?*
   — *Je chausse du 43.*
   — *Et la couleur?*
   — *Marron, je pense.*
   — *Voici des mocassins marron.*
   — *Ils me vont très bien (parfaitement).*
   ou: *Ils sont trop étroits (trop grands, trop petits).*

des tennis / des sandales / des espadrilles / des escarpins / des bottes /
des baskets / des mocassins / des mocassins bateau

I. **Je voudrais échanger ces chaussures.** Vous voulez échanger les chaussures que vous avez achetées. Choisissez des chaussures de la liste de l'exercice H et suivez le modèle.

MODÈLE: sandales
— *Pardon, Monsieur. Je voudrais échanger ces sandales.*
— *D'accord. Qu'est-ce qui ne va pas?*
— *Elles sont trop étroites (petites, grandes).*
— *Vous voulez essayer une autre paire?*
— *Oui. Je chausse du 39.*

J. **J'en doute.** Répondez à chacune des questions avec une expression de doute.

MODÈLE: Est-ce que vous voulez essayer des espadrilles?
Je ne pense pas.

1. Vous voulez regarder des bottes?
2. Quelle est votre pointure?
3. Est-ce que vous avez besoin de sandales?
4. Ces escarpins sont-ils trop étroits?
5. Est-ce que vous n'avez pas besoin de mocassins?
6. Ces tennis sont trop grands?

DÉBROUILLONS-NOUS !

Exercice oral

K. **J'ai besoin de chaussures.** You're looking for a pair of shoes. You're very particular about what you want.

1. Greet the salesperson.
2. Explain what kinds of shoes you need.
3. Give your size.
4. When you try on the first pair of shoes, you find that they are too tight and that you don't like the style. You also want a different color.
5. The second pair is too conservative **(traditionnelles).** The third pair is too big. The fourth pair is too expensive.
6. Finally explain that you're not going to buy any shoes.
7. Thank the salesperson and say good-bye.

Exercice écrit

L. **J'ai rangé ma chambre.** Your possessions had been piling up in your room for many years. You finally decided to give away **(donner)** and to lend **(prêter)** some things to different people. To keep track of what you gave away and what you lent, you make a list. Use the pronouns **lui** and **leur** for your list.

MODÈLE: à Krista
Je lui ai donné des balles de tennis et je lui ai prêté ma raquette.

1. à mes ami(e)s *(give two names)*
2. à mon petit frère (à ma petite sœur)
3. à ma cousine
4. à mes cousins *(give their names)*
5. à mon (ma) camarade *(give one name)*
6. à mon voisin
7. à mes parents
8. à mon (ma) petit(e) ami(e)

Lexique

On s'exprime _____

Pour demander et donner la taille des vêtements

Quelle est votre taille?
Vous faites quelle taille?
Votre taille?

Il me faut un 40.
J'ai besoin d'un 40.
Je dois acheter un 40.
Il faut que j'achète un 40.

Pour demander et donner la pointure des chaussures

Quelle est votre pointure?
Vous faites quelle pointure?
Votre pointure?

Je chausse du 38.
Je prends un 38.

Pour gagner du temps quand vous parlez

Ben...
Euh... euh...
Eh bien...
Bon alors...
Voyons...

Pour indiquer le doute ou l'incertitude

Je ne suis pas sûr(e).
Je ne suis pas convaincu(e).
..., je pense.
Je ne pense pas.
Tu penses? (Vous pensez?)
J'en doute.

Thèmes et contextes _____

Les chaussures (f.pl.)

des baskets *(m.pl.)*   des mocassins *(m.pl.)*
des bottes *(f.pl.)*   des mocassins bateau *(m.pl.)*
des escarpins *(m.pl.)*   des sandales *(f.pl.)*
des espadrilles *(f.pl.)*   des tennis *(m.pl.)*

Vocabulaire général

Noms

un anorak
un cambrioleur
un centimètre
un complet
un(e) couturier(-ère)
une cravate
l'entrejambes *(m.)*
les gants *(m.pl.)*
une manche
un mannequin
un manteau
un pardessus
le parfum
la pointure
la publicité
la rentrée
la taille
un salon d'essayage
le tour de hanches
le tour de poitrine
le tour de taille

Pronoms

leur
lui

Adjectifs

bleu marine
clair *(invariable with colors)*
étroit(e)
foncé *(invariable with colors)*
traditionnel(le)

Verbes

avoir de la chance
cambrioler
chausser
essayer
expliquer
prêter
se mettre à l'aise

Adverbe

parfaitement

Autres expressions

à merveille
à partir de
de plus
donc
il me faut
tant mieux
y compris

QUE NOUS DISENT LES VÊTEMENTS?

La «Loden»

Chapeau cloche en tweed

Boucles d'oreilles en perles de culture (jamais d'oreilles percées)

Cheveux mi-longs, plutôt raides

Écharpe de soie Hermès ou imitation

Manteau loden bleu marine

Gants marron clair en veau

Sac en peau de porc

Kilt écossais (parfois jupe-culotte)

Pratiquant l'équitation depuis l'enfance, les jeunes filles ont parfois les chevilles lourdes

Mocassins bordeaux

La «Baba»

Visage pâle, regard ambigu

Cheveux longs, souvent sales, colorés au henné

Badge antinucléaire («Nucléaire, non merci»)

Safi (foulard indien)

Sac acheté dans un surplus américain et orné de graffiti dessinés au marker

Parka pseudo-militaire (souvenir des manifestations)

Longue écharpe mauve de laine tricotée

Gros pull-over en laine (souvenir d'un stage artisanal)

Jean râpé, légèrement évasé au bas

Chaussures Clarks usagées

Marie-Christine a été envoyée à la faculté d'Assas par ses parents afin d'y trouver un mari. Elle y restera le temps de rater deux fois sa première année de droit. Elle se mettra à la recherche d'un emploi : hôtesse au salon du cheval ou animatrice d'une radio libre d'opposition.

Abandonnant le lycée pour «faire de la musique», Dominique aime la vie bohème. Elle est heureuse de ne rien faire, malgré la précarité de son moyen de subsistance.

INTÉGRATION

A. **Quels vêtements est-ce qu'ils portent?** Regardez les portraits ci-dessus et donnez une brève description des vêtements que porte chaque personne.

MODÈLE: la «Baba»
longue écharpe, foulard indien, gros pull, etc.

1. la «Baba»
2. la «Loden»
3. «l'Intellectuel de gauche triste»
4. le «Majorité-Silencieuse»

«L'Intellectuel de gauche triste»

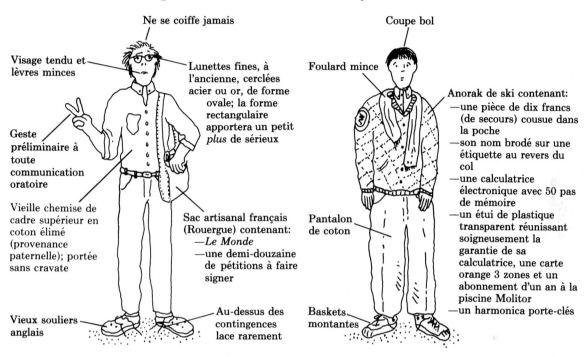

Ne se coiffe jamais

Visage tendu et lèvres minces

Lunettes fines, à l'ancienne, cerclées acier ou or, de forme ovale; la forme rectangulaire apportera un petit *plus* de sérieux

Geste préliminaire à toute communication oratoire

Vieille chemise de cadre supérieur en coton élimé (provenance paternelle); portée sans cravate

Sac artisanal français (Rouergue) contenant:
—*Le Monde*
—une demi-douzaine de pétitions à faire signer

Vieux souliers anglais

Au-dessus des contingences lace rarement

Le «Majorité-Silencieuse»

Coupe bol

Foulard mince

Anorak de ski contenant:
—une pièce de dix francs (de secours) cousue dans la poche
—son nom brodé sur une étiquette au revers du col
—une calculatrice électronique avec 50 pas de mémoire
—un étui de plastique transparent réunissant soigneusement la garantie de sa calculatrice, une carte orange 3 zones et un abonnement d'un an à la piscine Molitor
—un harmonica porte-clés

Pantalon de coton

Baskets montantes

Révolutionnaire marxiste (tendance althussérienne); fils de bonne famille (protestante); universitaire de haut niveau (recherche en sociologie); père dans les affaires («vieux reac»); peu porté sur les arts (bourgeois). Laurent déteste le rock.

Ne connaissant rien à l'habillement ni à la mode, Roger réalise sans le savoir l'idéal théorique : n'appartenir à aucune mode. Introverti mais passionné par ses études ou son métier, il ignore à peu près tout du monde qui l'entoure, tant sur le plan esthétique que politique.

B. Est-ce que les vêtements reflètent nos attitudes et nos traits de caractère? Les portraits ci-dessus représentent quatre personnes qui ont des traits de caractère très différents. Regardez les portraits et décrivez ensuite le caractère de chaque personne. Employez des noms, des adjectifs ou des groupes de mots.

MODÈLE: la «Baba»
           les cheveux longs, pâle, très indépendante, etc.

1. la «Baba»
2. la «Loden»
3. «l'Intellectuel de gauche triste»
4. le «Majorité-Silencieuse»

Lecture: *L'habit fait-il le moine?*

L'HABIT FAIT-IL LE MOINE?

Parole aux jeunes:

Connaissez-vous le proverbe français *l'habit ne fait pas le moine*? Cela veut dire qu'il ne faut pas juger les gens sur leur apparence. Mais que se passe-t-il en réalité? Nous avons demandé à trois jeunes Français ce qu'ils pensent de ce proverbe.

Photos: David Simson

ROMAIN
Bien sûr que les gens vous jugent d'après votre apparence extérieure! Vous avez déjà vu un punk travailler dans une banque en France? Les vêtements reflètent votre personnalité. Si vous avez un genre sérieux, si vous voulez faire bonne impression, si vous voulez être pris au sérieux, vous devez porter une tenue correcte, un costume, une cravate, et avoir les cheveux bien coupés...

MICHÈLE
Non, moi, je ne juge pas les gens sur leur apparence. Il y a quelques années, oui, l'apparence extérieure était très importante. Mais maintenant, c'est fini. On voit des directeurs de société avec des jeans et sans cravate. De nos jours, beaucoup de jeunes cadres ne portent pas de costume ou de cravate. Il y a une dizaine d'années, c'était impensable. C'est comme les bijoux pour hommes. Les mentalités ont évolué. Il y a plus de tolérance dans la société.

MICHEL-MARIE
Non, je ne pense pas que l'apparence a beaucoup d'importance. Beaucoup de personnes suivent la mode. Si les jeans sont à la mode, tout le monde porte des jeans: les timides, les sérieux, les jeunes, les adultes. Si au contraire c'est la mode des vêtements larges, ou des vêtements en cuir, alors on les voit partout, à l'école, au bureau, dans la rue ... les gens ne disent pas cette personne est comme ceci ou comme cela. Ils disent c'est la mode!

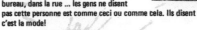

Compréhension ■■■■■■■■■■■■■■■■■■■■■■■

C. **Qui parle?** Chacun des trois jeunes gens a son opinion sur le proverbe **L'habit ne fait pas le moine.** Indiquez si les opinions suivantes sont celles de Romain, de Michèle ou de Michel-Marie.

MODÈLE: Dans le passé on jugeait les gens selon leur apparence.
C'est l'opinion de Michèle.

1. Les vêtements reflètent la personnalité des gens.
2. On ne juge pas les personnes selon leurs vêtements. On dit simplement que c'est la mode.
3. Aujourd'hui les gens sont très tolérants en ce qui concerne les vêtements.
4. Aujourd'hui les jeans sont à la mode.
5. Si vous voulez réussir dans la vie, il faut porter des vêtements corrects pour chaque occasion.
6. Aujourd'hui nous ne jugeons pas les gens selon leur apparence.

D. **Qu'est-ce que vous en pensez?** Est-ce que vous êtes d'accord ou pas d'accord avec le proverbe **L'habit ne fait pas le moine?** Expliquez pourquoi vous pensez que l'apparence est importante ou n'est pas importante quand nous jugeons les autres.

Chapitre trois

...très à la mode!

A.

B.

C.

Les modes changent avec le temps. Lisez les trois descriptions de vêtements et décidez à quelle photo correspond chaque description.

1. Cette tenue de Christian Dior représente la mode des années quarante. La jupe ample et la veste serrée à la taille mettent l'accent sur la silhouette féminine.
2. C'est une tenue qui représente les années quatre-vingts. Elle comprend une jupe longue, un chemisier et un gilet autrichien.
3. C'est la mode des années vingt. Cette robe pour l'après-midi est simple et laisse beaucoup de liberté pour les mouvements. La silhouette est transformé par la taille qui descend vers les hanches.

Première étape

Point de départ:

Deux vedettes

■ ■

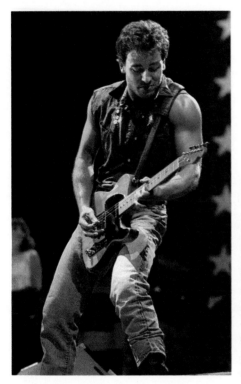

Bruce Springsteen est un des chanteurs de rock les plus populaires . Il a un style très américain. Pendant ses concerts, il porte un vieux jean et une chemise . en coton sans manches. Très confortable!

Princess Diana est toujours à la mode. La future reine d'Angleterre, elle doit présenter un style classique. Ici elle porte une robe imprimée avec un chapeau. Parfait!

À vous! ■■■■■■■■■■■■■■■■■■■■■■■■■■■■■■■■■■■■

A. Imaginez ce que les deux vedettes porteront dans les circonstances suivantes:

1. il/elle va a un dîner formel
2. il/elle fait les courses
3. il/elle est en vacances
4. il/elle fait du ski

B. **Et vous?** Comment est-ce que vous vous habillez? Est-ce que vous êtes à la mode? Décrivez les vêtements que vous portez en général. Parlez aussi des vêtements de vos amis et des membres de votre famille.

MODÈLE: *Moi, je suis très traditionnelle et je suis assez conservatrice. Je porte des vêtements simples. À l'école je porte une jupe avec un pull ou un chemisier. Quelquefois je porte une robe. À la maison, je porte un jean et un T-shirt avec des tennis.*

1. Moi, je...
2. Mon ami *(your friend's name)*...
3. Mon amie *(your friend's name)*...
4. Un membre de ma famille (mère, père, oncle, tante)...

REPRISE

C. **Des conseils.** Vos amis ne savent pas quelles chaussures mettre avec les différentes tenues. Employez une expression de nécessité avec le verbe **mettre** et les chaussures convenables *(appropriate).*

MODÈLE: Qu'est-ce que je mets avec ce pantalon en laine?
           Il faut que tu mettes des mocassins noirs.
     ou: *Il est préférable de mettre des mocassins noirs.*

1. Qu'est-ce que je mets avec ce jean?
2. Qu'est-ce que je mets avec cette jupe et ce chemisier?
3. Qu'est-ce que je mets avec ce short?
4. Qu'est-ce que je mets avec ce costume?
5. Qu'est-ce que je mets avec cette robe de soie?
6. Qu'est-ce que je mets avec ce pantalon en coton?
7. Qu'est-ce que je mets avec ce pantalon de ski?
8. Qu'est-ce que je mets avec cette robe?

D. **Une interview.** Vous cherchez un job dans une colonie de vacances pour enfants. Votre camarade de classe est le directeur (la directrice) de cette colonie et vous pose des questions. Dans vos réponses, employez les pronoms d'objets indirects **lui** et **leur** quand c'est possible.

MODÈLE: Est-ce que vous avez parlé de ce job à vos parents?
Oui, je leur ai parlé de ce job.

1. Est-ce que vous avez parlé de ce job à vos professeurs?
2. Est-ce que vous pouvez apprendre quelque chose aux enfants?
3. Est-ce que vous avez montré notre brochure à votre père?
4. Est-ce que vous avez expliqué les responsabilités du job à votre mère?
5. Est-ce que vous savez raconter des histoires aux enfants?
6. Est-ce que vous aimez parler aux enfants?
7. Est-ce que vous allez donner un prix à l'enfant qui est le premier?
8. Est-ce que vous allez prêter vos disques aux enfants?

STRUCTURE

Les pronoms *lui* et *leur* avec les verbes *dire, demander, proposer, permettre* et *promettre*

Nous permettons **aux enfants** de sortir.	We allow *the children* to go out.
Nous **leur** permettons de sortir.	We allow *them* to go out.
Nous avons permis **aux enfants** de sortir.	We allowed *the children* to go out.
Nous **leur** avons permis de sortir.	We allowed *them* to go out.
Nous allons permettre **aux enfants** de sortir.	We're going to allow *the children* to go out.
Nous allons **leur** permettre de sortir.	We're going to allow *them* to go out.

The verbs **dire, demander, proposer, permettre,** and **promettre** are followed by the preposition **à** plus an indirect-object noun. This noun is followed by the preposition **de** plus an infinitive.

J'ai dit à Paul de faire attention. *I told Paul to be careful.*

When the indirect-object noun is replaced by an indirect-object pronoun, the pronoun is placed before the conjugated verb in the present tense and the **passé composé.**

Il lui dit de manger. Tu lui as demandé d'acheter du pain?

In the immediate future, the pronoun is placed before the infinitive.

Je vais lui proposer d'aller en France.

Application ▪▪▪▪▪▪▪▪▪▪▪▪▪▪▪▪▪▪▪▪▪▪▪▪▪▪▪▪▪▪▪

E. Remplacez les mots en italique et faites les changements nécessaires.

1. Je vais demander à Michel de *m'aider*. (m'accompagner / aller à la poste / acheter un pull / téléphoner à son grand-père / nous inviter)
2. Nous avons dit aux enfants de *parler français*. (rester à la maison / faire les devoirs / écouter des disques / ranger leur chambre)
3. Elle leur a permis de *sortir*. (acheter des tennis / manger au restaurant / aller au match de football / prendre la voiture)
4. Ils lui ont promis d'*aller au zoo*. (faire une promenade / sortir ce soir / aller au cinéma / acheter un vélo)

F. Substituez les pronoms **lui** ou **leur** au complément d'objet indirect dans les phrases suivantes.

MODÈLE: J'ai demandé à ma mère de m'aider.
          Je lui ai demandé de m'aider.

1. Nous avons proposé à nos amis de sortir.
2. Est-ce que tu as dit à ton frère de ranger sa chambre?
3. Je vais permettre à Simone de prendre le métro.
4. Est-ce que vous allez proposer aux enfants de vous accompagner?
5. Elles ont dit à Hervé d'acheter des bottes.
6. J'ai demandé à Sylvie de faire les courses.

G. **Cause et effet.** Chaque fois que vous faites ou dites quelque chose, quelqu'un d'autre réagit d'une manière inattendue. Employez les éléments donnés et **lui** ou **leur** pour inventer des situations.

MODÈLE: (mon père) demander / donner
             Je lui ai demandé 20 dollars. Il m'a donné 10 dollars.

1. (parents) demander /dire
2. (mère) promettre / permettre
3. (parents) demander la permission / permettre
4. (amis) proposer / dire
5. (amie) dire / demander
6. (frère) promettre / demander

Ce qu'ils s'habillent bien!

Écoutez la bande que votre professeur va jouer pour vous. En particulier, faites attention aux expressions utilisées pour montrer son enthousiasme.

Dans la première conversation, Philippe et son ami sont **assis** à la terrasse d'un café. Ils regardent les **passants** et font des commentaires sur leurs vêtements.

Dans une deuxième conversation, Lise et Annette regardent les garçons qui passent devant le cafe.

ON S'EXPRIME

Expressions pour montrer son enthousiasme

C'est vachement bien!	It's great!
Chouette!	Great!
Fantastique!	Fantastic!
Incroyable!	Unbelievable!
Sensationnel! (Sensass!)	Sensational!
Super!	Super!

Because all of the expressions given above are adjectives, they can be used with **c'est** or **il/elle est, ils/elles sont:**

        C'est chouette!

        Elle est sensationnelle.

À vous!■■■■■■■■■■■■■■■■■■■■■■■■■■■■■■■■■■■■■■■

H. **Qu'est-ce que vous en pensez?** Faites d'abord une brève description des vêtements que vous voyez dans la photo. Ensuite employez une expression pour indiquer votre enthousiasme.

I. **Regarde ce garçon (cette fille)!** Vous et vos amis, vous êtes à la terrasse d'un café et vous faites des commentaires sur les gens qui passent. Vous parlez surtout de leurs vêtements. Imitez la conversation dans le **Relais.** (Si vous voulez, inspirez-vous des vêtements portés par vos camarades dans d'autres groupes.)

DÉBROUILLONS-NOUS !

Exercice oral

J. **Il/elle est fantastique!** You've just met someone who you think is absolutely great. Tell your friends about this person. Talk about the person's appearance (what the person was wearing) and his/her personality. Show your enthusiasm by using some appropriate expressions.

Exercice écrit

K. **Portrait de mon ami(e).** You've just met a very interesting person who is your age. Write a letter to your French friend describing this person. Talk about his/her physical characteristics, the clothes he/she wears, and his/her personality. Because you want to make sure that your French friend understands just how much you like this person, you use some appropriate expressions to indicate your enthusiasm.

Deuxième étape

Point de départ:

Les accessoires

59^F

Les lunettes verres tous
temps. Monture plastique.

229^F
Le collier-chaîne.

Le bracelet.

Le parapluie téléscopique.
Léger et petit, il se glisse
dans votre sac et se déplie
d'un geste lorsque vous en
avez besoin.

69^F

Les gants multicolores et
les gants unis.

189^F

99^F

Le béret en pure laine.
Facile à porter, toujours
mignon, et bien chaud!

139^F

Écharpe et bonnet en
100% acrylique.

Le nœud papillon.

145^F

345^F

Le foulard en pure
soie imprimée, style
boutique.

235^F

Très belle ceinture en cuir.

199^F

La cravate en soie
naturelle unie.

150–199^F

Les porte-cartes
pour tous vos papiers
et vos cartes de crédit.

199^F

Lot de 6
mouchoirs en
pur coton.
Encadrement couleur.

299^F

La pochette en cuir.

À vous! ■■■■■■■■■■■■■■■■■■■■■■■■■■■■■■

A. **Qu'est-ce que vous allez acheter?** Vous êtes aux Galeries Lafayette
   pour acheter les articles suivants. Regardez les dessins et imitez le bref
   échange ci-dessous.

MODÈLE: — *Ce béret-ci, s'il vous plaît.*
          — *Très bien, Mademoiselle (Monsieur).*
          — *C'est combien?*
          — *99 francs, Mademoiselle (Monsieur).*

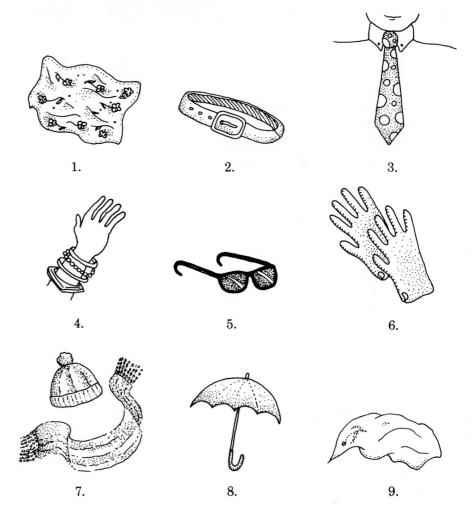

1.   2.   3.

4.   5.   6.

7.   8.   9.

B. **Qu'est-ce que vous mettez comme accessoires?** Pour chaque occasion mentionnée, indiquez les accessoires que vous mettez.

MODÈLE: Qu'est-ce que vous mettez pour aller à l'école?
Un bracelet, un collier, un foulard, un béret et une ceinture.

1. Qu'est-ce que vous mettez pour aller à l'école?
2. Pour aller au travail?
3. Pour aller à une soirée?
4. Pour aller à la plage?
5. Quand vous faites du ski?
6. Quand vous sortez avec votre petit(e) ami(e)?

C. **Échange.** Posez les questions suivantes à votre camarade de classe. Il/elle va vous répondre. Employez **lui** ou **leur** dans les réponses.

1. Est-ce que tes parents permettent à ton frère de sortir le soir pendant la semaine?
2. Est-ce que tu salues tes amis le matin?
3. Est-ce que tu prêtes de l'argent à ton (ta) meilleur(e) ami(e)?
4. Est-ce que tu donnes des cadeaux à tes amis pour leur anniversaires?

D. **Oui ou non?** Répondez aux questions en donnant votre opinion. Employez les pronoms d'objets directs **(le, la, l', les)** et les pronoms d'objets indirects **(lui, leur)** dans vos réponses.

MODÈLE: Est-ce que les enfants doivent obéir à leurs parents?
Oui, ils doivent leur obéir.

1. Est-ce que les élèves doivent faire leurs devoirs?
2. Est-ce qu'on peut permettre aux jeunes de sortir tous les soirs?
3. Est-ce qu'on doit permettre aux enfants de regarder beaucoup de télévision?
4. Est-ce qu'on doit rendre visite à ses grands-parents?
5. Est-ce qu'on doit téléphoner au médecin quand on est malade?
6. Est-ce qu'il faut prendre le parapluie quand le ciel est couvert?
7. Est-ce qu'il faut raconter les secrets à quelqu'un d'autre?
8. Est-ce qu'on doit juger les autres selon leur apparence?
9. Est-ce qu'il faut apprendre la grammaire française?

STRUCTURE

L'infinitif après les verbes conjugués

Nous **aimons jouer** au tennis.   We *like to play* tennis.
Ils **ont commencé à chanter**.   They *began to sing*.
J'ai **décidé d'apprendre** le   I *decided to learn* French.
français.

When a conjugated verb is followed by an infinitive, the infinitive may follow the verb directly or it may be introduced by either the preposition **à** or the preposition **de**. No convenient rule will help you to distinguish among the three possibilities. Learning the differences takes some memorization and a lot of practice. Here are the most common verbs that you're likely to use with infinitives.

Verbe conjugué + infinitif

Je **dois aller** à la bibliothèque.
Il **va acheter** une cravate.
Nous **aimons faire** du ski.

The most common verbs followed *directly* by an infinitive are:

adorer	falloir (il faut)
aimer (bien)	penser
aimer mieux	pouvoir
aller	préférer
détester	savoir
devoir	valoir mieux (il vaut mieux)
espérer	vouloir

Verbe conjugué + *à* + infinitif

J'ai **appris à nager**.
Ils **ont commencé à jouer** aux cartes.
Nous **continuons à étudier** le russe.

The following verbs require **à** before the infinitive:

apprendre à	hésiter à
commencer à	inviter à
continuer à	réussir à

Verbe conjugué + *de* + infinitif

Elle **est obligée de nettoyer** sa chambre tous les samedis.
Nous **avons refusé de** lui **parler.**
Je vais **essayer de l'aider.**

The following verbs require **de** before the infinitive:

choisir de	éviter de *(to avoid)*
décider de	finir de
essayer de *(to try)*	oublier de
être obligé(e) de	refuser de

Note that direct- and indirect-object pronouns are placed directly before the infinitive in these constructions: **J'ai refusé de lui téléphoner.**

Application ■■■■■■■■■■■■■■■■■■■■■■■■■

E. Employez les verbes entre parenthèses pour construire trois phrases avec l'activité donnée. Employez les temps des verbes que vous voulez. Attention aux prépositions!

MODÈLE: jouer du piano (aimer / apprendre / refuser)
J'aime jouer du piano.
Elle a appris à jouer du piano.
Nous refusons de jouer du piano.

1. changer de l'argent (être obligé[e] / hésiter / vouloir)
2. parler français (adorer / savoir / apprendre)
3. jouer aux cartes (éviter / préférer / aimer mieux)
4. aller en France (espérer / pouvoir / décider)
5. acheter une ceinture (oublier / vouloir / choisir)
6. téléphoner à papa (devoir / essayer / hésiter)

F. Terminez les phrases en employant un infinitif. Attention aux prépositions!

MODÈLE: J'ai oublié...
J'ai oublié de leur dire au revoir.

1. Nous espérons...
2. Il faut...
3. J'ai décidé...
4. Elles nous ont invités...
5. Nous avons appris...
6. Je suis obligé(e)...
7. Il vaut mieux...
8. Je dois...

Je ne veux pas mettre de cravate!

Écoutez la bande que votre professeur va jouer pour vous. En particulier, faites attention aux expressions utilisées pour indiquer ce qu'on veut faire et ce qu'on ne veut pas faire.

Marcel et sa mère discutent des vêtements que Marcel va mettre pour aller à une soirée très élégante.

ON S'EXPRIME

Expressions pour indiquer ce qu'on veut faire

> **J'ai décidé de...**
> **J'aimerais...**
> **Je préfère...**
> **Je tiens à...** *(I insist on . . .)*
> **Je veux...**
> **Je voudrais...**

Expressions pour indiquer ce qu'on ne veut pas faire

> **Ça ne m'intéresse pas!**
> **Jamais de la vie!** *(Not on your life!)*
> **Je ne veux pas...**
> **Je refuse (absolument) de...**
> **Non, absolument pas!**

À vous!

G. **Une soirée élégante.** Vous êtes en train de vous préparer pour une soirée élégante. Avec votre camarade de classe, discutez des vêtements et des accessoires que vous allez mettre. Imitez la conversation du **Relais.**

H. **Je veux... je ne veux pas...** Pour chacune des suggestions, employez une expression pour indiquer que vous voulez ou ne voulez pas faire ce qui est indiqué.

MODÈLE: Est-ce que tu vas mettre un chapeau?
           Oui, je tiens à mettre un chapeau.
   ou: *Non, je refuse de mettre un chapeau.*

1. Est-ce que tu vas mettre une cravate?
2. Pourquoi pas mettre un foulard?
3. Prends une pochette!
4. Est-ce que tu vas mettre des gants?
5. Il vaut mieux mettre une ceinture.
6. Pourquoi pas mettre un collier?
7. Tu prends tes lunettes de soleil?
8. Mets ton bonnet!

DÉBROUILLONS-NOUS!

Exercice oral

I.   **Un concert.** You and a friend are talking about what to wear to a rock concert. Discuss your clothing in detail and explain what accessories you're going to wear. Make some suggestions to each other. As the other person makes suggestions, use an expression to indicate that you want or don't want to do what he/she says.

Exercice écrit

J.   **Je voudrais commander...** *(I'd like to order. . .)* You're ordering some accessories from a department store catalogue. Look at the items on page 87 and write a short letter telling what you want. Don't forget to state the color and size (in centimeters), if appropriate.

Lexique

On s'exprime

Pour montrer son enthousiasme	*Pour indiquer ce qu'on veut faire*	*Pour indiquer ce qu'on ne veut pas faire*
C'est vachement bien!	J'ai décidé de...	Ça ne m'intéresse pas!
Chouette!	J'aimerais...	Jamais de la vie!
Fantastique!	Je préfère...	Je ne veux pas...
Incroyable!	Je tiens à...	Je refuse (absolument) de...
Sensationnel! (Sensass!)	Je veux...	Non, absolument pas!
Super!	Je voudrais...	

Thèmes et contextes

Les accessoires (m.pl.)

un béret	un foulard
un bonnet	des gants *(m.pl.)*
des boucles d'oreilles *(f.pl.)*	des lunettes (de soleil) *(f.pl.)*
une ceinture	un mouchoir
un chapeau	un nœud papillon
un collier-chaîne	un parapluie
une cravate	une pochette
une écharpe	un porte-cartes

Vocabulaire général

Noms

une colonie de vacances
un(e) directeur(-trice)
un habit
un moine
un passant

Adjectifs

affreux(-euse)
assis(e)
conservateur(-trice)
convenable
tolérant(e)

Verbes

commencer (à)
continuer (à)
décider (de)
essayer (de)
éviter (de)
hésiter (à)
juger
permettre (à) ... (de) ...
promettre (à) ... (de) ...
proposer (à) ... (de) ...
refuser (de)

Adverbes

simplement
vachement

Autres expressions

Ça m'est égal.
d'ailleurs

Mise au point

Lecture: *Les jeunes sont à la mode*

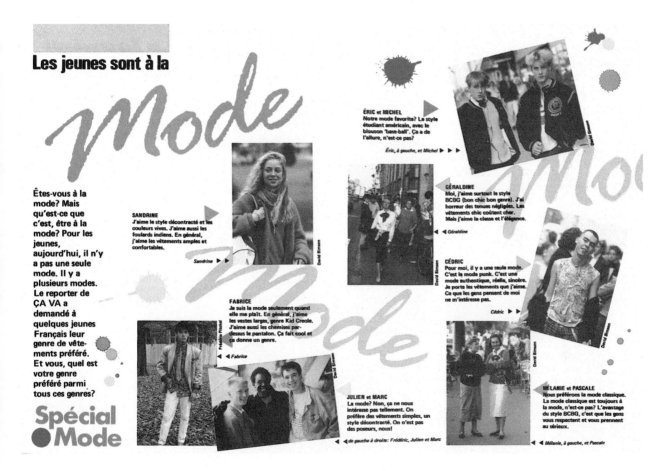

Les jeunes sont à la mode

Êtes-vous à la mode? Mais qu'est-ce que c'est, être à la mode? Pour les jeunes, aujourd'hui, il n'y a pas une seule mode. Il y a plusieurs modes. Le reporter de ÇA VA a demandé à quelques jeunes Français leur genre de vêtements préféré. Et vous, quel est votre genre préféré parmi tous ces genres?

Spécial ● Mode

SANDRINE
J'aime le style décontracté et les couleurs vives. J'aime aussi les foulards indiens. En général, j'aime les vêtements amples et confortables.

Sandrine ▶

FABRICE
Je suis la mode seulement quand elle me plaît. En général, j'aime les vestes larges, genre Kid Creole. J'aime aussi les chemises par-dessus le pantalon. Ça fait cool et ça donne un genre.

◀ *Fabrice*

JULIEN et MARC
La mode? Non, ça ne nous intéresse pas tellement. On préfère des vêtements simples, un style décontracté. On n'est pas des poseurs, nous!

◀ *de gauche à droite: Frédéric, Julien et Marc*

ÉRIC et MICHEL
Notre mode favorite? Le style étudiant américain, avec le blouson 'base-ball'. Ça a de l'allure, n'est-ce pas?

Éric, à gauche, et Michel ▶ ▶

GÉRALDINE
Moi, j'aime surtout le style BCBG (bon chic bon genre). J'ai horreur des tenues négligées. Les vêtements chic coûtent cher. Mais j'aime la classe et l'élégance.

◀ *Géraldine*

CÉDRIC
Pour moi, il y a une seule mode. C'est la mode punk. C'est une mode authentique, réelle, sincère. Je porte les vêtements que j'aime. Ce que les gens pensent de moi ne m'intéresse pas.

Cédric ▶ ▶

MÉLANIE et PASCALE
Nous préférons la mode classique. La mode classique est toujours à la mode, n'est-ce pas? L'avantage du style BCBG, c'est que les gens vous respectent et vous prennent au sérieux.

◀ *Mélanie, à gauche, et Pascale*

Compréhension ■

A. **Il y a plusieurs modes.** Identifiez la personne (ou les personnes) de l'article qui a (ont) les opinions suivantes.

1. Pour moi, la seule mode c'est la mode punk.
2. Je préfère la mode classique, le style BCBG.
3. J'aime les vestes larges et les chemisiers par-dessus le pantalon.

4. Je préfère les vêtements confortables.
5. Mon style préféré, c'est le style américain.
6. La mode, ça ne m'intéresse pas. Je préfère les vêtements simples.
7. Ce que les gens pensent de moi? Ça m'est égal.
8. Ce qui compte surtout, c'est l'élégance.

B. **Je suis d'accord avec...** Indiquez la personne (ou les personnes) de l'article avec qui vous êtes d'accord. Ensuite expliquez pourquoi vous avez les mêmes goûts et quels vêtements vous préférez porter.

REPRISE

C. **Quels accessoires est-ce que vous avez achetés?** Regardez les dessins et identifiez les accessoires que vous avez achetés.

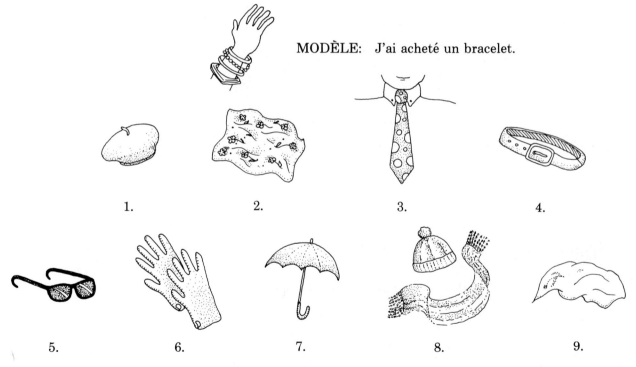

MODÈLE: J'ai acheté un bracelet.

1.   2.   3.   4.

5.   6.   7.   8.   9.

D. **Questionnaire.** Posez les questions suivantes à un(e) autre élève.

Demandez à votre partenaire ce qu'il (elle):
1. espère faire à l'avenir
2. apprend à faire
3. hésite à faire
4. évite de faire
5. est obligé(e) de faire
6. sait très bien faire
7. refuse de faire
8. aime faire

In this **Révision,** you will review the following grammatical structures:

- the use of the present subjunctive to express necessity;
- the present subjunctive forms of **-er** and **-ir** verbs and irregular verbs;
- the use of the infinitive to express necessity;
- the indirect object pronouns **lui** and **leur;**
- the use of the infinitive after a conjugated verb.

L'emploi du subjonctif pour exprimer la nécessité

Les expressions qui indiquent la nécessité

The subjunctive is used with all of the following expressions of necessity:

il faut que
il est nécessaire que
il vaut mieux que
il est préférable que
il est important que
il est essentiel que

Le présent du subjonctif

il faut que

je parle	**nous parlions**
tu parles	**vous parliez**
il, elle, on parle	**ils, elles parlent**

il est essentiel que

je réussisse	**nous réussissions**
tu réussisses	**vous réussissiez**
il, elle, on réussisse	**ils, elles réussissent**

il est important que

j'aie	**nous ayons**
tu aies	**vous ayez**
il, elle, on ait	**ils, elles aient**

il vaut mieux que

je sois	**nous soyons**
tu sois	**vous soyez**
il, elle, on soit	**ils, elles soient**

il est préférable que
    j'aille   **nous allions**
    tu ailles   **vous alliez**
    il, elle, on aille   **ils, elles aillent**

il est important que
    je prenne   **nous prenions**
    tu prennes   **vous preniez**
    il, elle, on prenne   **ils, elles prennent**

il faut que
    je mette   **nous mettions**
    tu mettes   **vous mettiez**
    il, elle, on mette   **ils, elles mettent**

    je fasse   **nous fassions**
    tu fasses   **vous fassiez**
    il, elle, on fasse   **ils, elle fassent**

    je puisse   **nous puissions**
    tu puisses   **vous puissiez**
    il, elle, on puisse   **ils, elles puissent**

    je sache   **nous sachions**
    tu saches   **vous sachiez**
    il, elle, on sache   **ils, elles sachent**

    je sorte   **nous sortions**
    tu sortes   **vous sortiez**
    il, elle, on sorte   **ils, elles sortent**

    je parte   **nous partions**
    tu partes   **vous partiez**
    il, elle, on parte   **ils, elles partent**

E. **Qu'est-ce que je vais faire?** Votre ami a découvert que son calendrier pour la semaine prochaine est très chargé *(full)*. Le pire est *(what's worse)*, qu'il a accepté de faire plusieurs choses à la fois. Regardez son calendrier et donnez-lui des conseils pour ce qu'il faut changer. Employez une expression de nécessité et le subjonctif des verbes convenables.

MODÈLES: *Il faut que tu changes ton rendez-vous avec le dentiste.*
                      Il est essentiel que tu téléphones à Suzanne.
                      Il vaut mieux que tu ailles au restaurant samedi soir.

lundi	mardi	mercredi	jeudi	vendredi	samedi	dimanche
4h 1) dentiste 2) médecin 5h15 1) Jean au café 2) Maman gare	4h 30 1) galeries Lafayette avec Marie 2) biblio avec Suzanne 8h 1) cinéma avec Paul 2) rendez-vous avec Sylvie	6h 1) papa au bureau 2) Fnac avec Michel	6h 30 1) travailler 2) Quick 9h 1) devoirs de français 2) sortir avec copains	5h 1) shopping avec Maman 2) copains au café 7h 30 1) restaurant 2) dîner chez Monique	2h 1) centre commercial avec amis 2) excursion à Versailles en famille	2h 1) dîner en famille 2) dîner avec amis 8h 1) étudier pour l'exam de français 2) cinéma avec copains

F. **Qu'est-ce qu'il faut mettre?** Employez une expression de nécessité avec le verbe convenable pour donner des conseils à vos amis au sujet des vêtements et des accessoires qu'il faut mettre pour chaque occasion. N'oubliez pas les chaussures!

MODÈLE: Je *(garçon)* vais aller à un bal avec Françoise.
Il faut que tu mettes un costume avec une cravate.

1. Je *(fille)* vais accompagner Paul au théâtre.
2. Nous *(filles et garçons)* allons dîner chez le professeur de français.
3. Paul et Isabelle vont à un concert de rock.
4. Chantal et Marie-France vont à l'opéra avec leurs parents.
5. Je *(garçon)* vais aller à la fête d'anniversaire de mon cousin.
6. Nous *(filles)* allons passer la journée à voir les monuments de Paris.

G. **Qu'est-ce qu'on fait pour...** Expliquez en détail ce qu'il faut faire pour accomplir les choses suivantes. Employez les expressions de nécessité et les verbes convenables.

MODÈLE: Qu'est-ce qu'il faut que je fasse pour organiser une soirée?
D'abord, il faut que tu fasses une liste des invités. Ensuite il faut que tu achètes la nourriture et les boissons. Puis il est nécessaire que tu téléphones à tes invités. Il faut aussi que tu parles à tes parents, que tu choisisses la date de la soirée. . . etc.

1. Qu'est-ce qu'il faut que je fasse pour avoir des bonnes notes?
2. Qu'est-ce qu'il faut que nous fassions pour préparer un bon dîner?
3. Qu'est-ce qu'il faut qu'ils fassent pour organiser une excursion à Paris?
4. Qu'est-ce qu'il faut que nous fassions pour arranger un voyage en France?
5. Qu'est-ce qu'il faut que je fasse pour organiser une soirée?

L'emploi de l'infinitif pour exprimer la nécessité

When the subject of the sentence is clear, you can use an expression of necessity with an infinitive (without **que**). Notice, however, that some of the expressions you've learned take the preposition **de** before the infinitive:

> **Il faut apprendre** le français.
> **Il vaut mieux aller** à la bibliothèque.
> **Il est nécessaire d'avoir** un permis de conduire.
> **Il est préférable de rester** à la maison.
> **Il est important de passer** du temps en famille.
> **Il est essentiel d'étudier** pour les examens.

With the exception of **il faut,** the negative **ne pas** is placed directly in front of the infinitive:

> Il **ne** faut **pas** oublier les clés!
> Il vaut mieux **ne pas** aller à la bibliothèque.
> Il est préférable de **ne pas** sortir ce soir.

H. **Qu'est-ce qu'il faut faire...?** Pour chacune des situations suivantes, indiquez ce qu'il faut faire. Employez les expressions de nécessité avec le subjonctif des verbes qui conviennent.

MODÈLE: Quels vêtements est-ce qu'il faut mettre quand on va à la plage?
Il faut mettre un short, un T-shirt et des sandales. Il est important d'apporter un maillot de bain.

1. Quels vêtements est-ce qu'il faut mettre pour aller au théâtre?
2. Quels vêtements est-ce qu'il faut mettre pour aller à un match de basket?
3. Qu'est-ce qu'il faut faire avant de partir en vacances?
4. Qu'est-ce qu'il faut faire pour réussir à l'école?
5. Qu'est-ce qu'il faut faire pour organiser une excursion au musée?
6. Qu'est-ce qu'il faut faire pour mieux connaître une personne?

Vous êtes au rayon des vêtements dans un grand magasin en France. Vous demandez au vendeur de vous montrer un anorak bleu foncé, taille 12. Vous cherchez un anorak qui soit assez grand pour porter par-dessus un gros pull. Pourquoi est-ce que le vendeur ne vous comprend pas?

a. Il n'a pas compris votre français.
b. Il ne sait pas quelle taille vous donner.
c. Le vendeur ne sait pas ce que ce qu'est un anorak.
d. On ne peut pas acheter d'anoraks dans les grands magasins en France.

Les pronoms d'objets indirects *lui* et *leur*

The indirect-object pronouns **lui** and **leur** stand for people and replace indirect-object nouns. In French, the indirect-object noun is generally introduced by the preposition **à.**

> Est-ce que tu téléphones souvent **à tes amis?**
> Oui, je **leur** téléphone souvent.
> Non, je ne **leur** téléphone pas souvent.

> Est-ce qu'elle a prêté son auto **à Philippe?**
> Oui, elle **lui** a prêté son auto.
> Non, elle ne **lui** a pas prêté son auto.

> Est-ce qu'ils vont parler **à leur professeur?**
> Oui, ils vont **lui** parler.
> Non, ils ne vont pas **lui** parler.

The most common verbs that take an indirect object are:

acheter	dire	obéir	promettre
apporter	donner	parler	proposer
apprendre	expliquer	permettre	raconter
demander	montrer	prêter	téléphoner

I. **Échange: Êtes-vous généreux(-euse)?** Posez les questions à un(e) camarade pour déterminer s'il(elle) est généreux(-euse) ou pas. Employez les pronoms **lui** et **leur** dans vos réponses.

1. Est-ce que tu prêtes souvent de l'argent à tes amis?
2. Est-ce que tu achètes des cadeaux d'anniversaire pour les membres de ta famille?
3. Quel cadeau est-ce que tu as acheté pour ta mère (père, grand-mère, grand-père, sœur, frère) pour son dernier anniversaire?
4. Est-ce que tu donnes des conseils à ton(ta) meilleur(e) ami(e)?
5. Est-ce que tu donnes des jouets aux organisations charitables à Noël?
6. Est-ce que tu téléphones à tes amis quand ils sont malades?
7. Est-ce que tu montres beaucoup d'affection aux membres de ta famille?
8. Est-ce que tu prends le temps d'expliquer les règles de grammaire à un(e) camarade de classe?
9. Est-ce que tu prends le temps de saluer ton professeur de français?

Si vous avez répondu *oui* à toutes ces questions, vous êtes vraiment une personne très généreuse!

L'infinitif après les verbes conjugués

When you use a conjugated verb and an infinitive, the infinitive may follow the conjugated verb directly or it may be preceded by **à** or **de.**

The most common verbs followed *directly* by an infinitive are:

adorer	falloir (il faut)
aimer	penser
aimer mieux	pouvoir
aller	préférer
détester	savoir
devoir	valoir mieux (il vaut mieux)
espérer	vouloir

The following verbs require **à** before the infinitive:

apprendre à	hésiter à
commencer à	inviter à
continuer à	réussir à

The following verbs require **de** before the infinitive:

choisir de	éviter de *(to avoid)*
décider de	finir de
essayer de *(to try)*	oublier de
être obligé(e) de	refuser de

J. **Questions personnelles.** Employez les éléments donnés pour poser des questions à votre camarade de classe. Ensuite, vous allez parler de votre camarade à la classe entière. Attention aux prépositions!

MODÈLE: apprendre / faire dans les cinq dernières années
— *Qu'est-ce que tu as appris à faire dans les cinq dernières années?*
— *J'ai appris à parler français.* ou *J'ai appris à nager.* Etc.

1. apprendre / faire l'année dernière
2. refuser / faire à la maison
3. vouloir / faire à l'avenir
4. aimer / faire le week-end
5. décider / faire après l'école secondaire
6. aller / faire l'année prochaine

Point d'arrivée

■■■■■■■■■■■■■■■■■■■■■■■■■■■■■

Activités orales

K. **Au grand magasin.** Go to the department store, choose an outfit for a particular occasion, and discuss size, color, and price with the salesperson. Your outfit should include shoes and accessories.

L. **Une soirée spéciale.** You and your friends have decided to dress up for a special party. Decide what clothes and shoes you're going to wear and what accessories. Give each other advice about what looks good together. Agree or disagree with each other's opinions.

M. **Des conseils.** Think of a problem you're going to present to your group (your grades are not very good, your parents are too strict, you don't have any money, etc.). Your friends will give you advice on what to do. Use expressions of necessity and the subjunctive to give the advice.

N. **Aux enchères.** *(At an auction.)* Make an inventory (in French) of some of the clothes worn by the students in your class. Then hold an auction and try to sell the clothes to someone else. Before proposing a starting price, give a detailed description of the article of clothing.

   MODÈLE: — *Marie porte une très jolie jupe bleu imprimé. La jupe est en coton. Elle est longue. Qui va lui donner 200F pour la jupe?*
   — *Je lui donne 60F.*
   — *60F n'est pas assez. C'est une jupe de Dior.*
   — *Je lui donne 85F. Etc.*

O. **Obsession.** Each student in the group chooses one of the following obsessions. One person begins to talk about his or her obsession and the others interrupt to talk about their own. Obsessions: **les vêtements, la nourriture, les vacances, le travail, l'argent, la famille.**

   MODÈLE: — *J'adore acheter des vêtements. Je passe beaucoup de temps dans les magasins, même si je n'ai pas d'argent...*
   — *Justement, les vêtements sont très chers. C'est pour ça que je n'aime pas aller dans les magasins, moi. J'essaie de faire des économies et je préfère mettre mon argent à la banque. Je ne dépense même pas beaucoup d'argent pour la nourriture...*
   — *Ah, la nourriture... Moi, j'adore faire la cuisine, et surtout j'aime manger. Hier soir, j'ai fait un gâteau...*

Activités écrites

P. **Un mannequin.** Find a picture of a fashion model (male or female) in a magazine and write a complete description of what he/she is wearing. Include shoes and accessories. Remember to talk about fabrics, colors, prints, etc.

Q. **Un inventaire.** In planning your next shopping trip, you make an inventory of some of the clothes you have in your closet. Write the name of each article of clothing and briefly describe it. Be sure to include shoes and accessories. Your list should be fairly complete. Once you're done, make a list of the clothes you don't have and would like to buy.

R. **Une lettre.** You've just received a letter from a friend explaining that she has a problem. She says that her friends seem overly concerned about appearance and are judging her according to the clothes she wears. She is not particularly interested in following the latest fashions. Answer her letter and give her some advice. Use expressions of necessity and the subjunctive in your advice.

DEUX JEUNES FRANÇAIS

Je m'appelle Roland Berthier. J'ai 17 ans et j'habite dans la ville de Vesoul en Haute Saône. Je suis au lycée de Vesoul et j'ai beaucoup d'amis. Moi, j'adore les vêtements et je suis content que les styles changent régulièrement. J'essaie toujours d'acheter ce qui est à la mode et mes amis sont comme moi. À mon avis, l'apparence joue un rôle très important dans l'idée qu'on a d'une personne. Je trouve, par exemple, qu'on me respecte plus parce que je suis toujours très bien habillé et parce que je sais les vêtements qu'il faut mettre pour chaque occasion. Je vois même que mes amis font des efforts pour m'imiter. Je préfère dépenser mon argent pour des vêtements que pour autre chose.

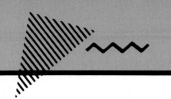

Je m'appelle Nicole Fernand et j'habite dans le Midi de la France dans une ville qui s'appelle Saint-Raphaël. J'ai 15 ans et je suis au lycée. Un jour j'espère aller à l'université pour étudier le droit. Je voudrais bien être avocate, mais je sais que c'est très difficile. Pour le moment je prends mes études très au sérieux, mais j'aime aussi m'amuser avec mes amis. Les vêtements, ça ne m'intéresse pas beaucoup. C'est-à-dire que j'aime être bien habillée, mais je préfère les vêtements simples et confortables. Je trouve les changements rapides dans la mode ridicules et je refuse de dépenser des fortunes pour plaire aux autres. C'est l'intérieur de la personne qui compte, sa personnalité et ses sentiments. L'apparence est superficielle et souvent trompeuse.

EXPANSION

Et vous?

S. **Je suis comme...** Maintenant vous connaissez un peu Roland et Nicole. À qui est-ce que vous ressemblez dans vos attitudes envers les vêtements et l'apparence? Parlez de vos goûts, de ce qui est important pour vous et des vêtements que vous portez.

C'est la France ou les États-Unis?

Unité deux

On voyage!

Objectives

In this unit, you will learn:

- to organize a trip;
- to make arrangements to travel by train, car, or plane;
- to express doubt and uncertainty;
- to ask and answer questions about people and things;
- about French attitudes toward vacations and travel.

LES VACANCES

Sondage: Les vacances d'été 1985

hébergement: lodging

Villages de vacances:
vacation resorts
Auberges de jeunesse:
youth hostels

– Quand? (%)		– Où? (%)		– Quel hébergement? (%)			
• Mai	6.0	• Mer	44.6	• Résidence principale		• Résidence secondaire	
• Juin	9.2	• Campagne	24.1	(parents, amis)	26.2	(parents, amis)	9.7
• Juillet	38.4	• Montagne	15.6	• Tente et caravane	19.5	• Hôtel	5.5
• Août	39.4	• Ville	7.9	• Location	16.2	• Villages de vacances	3.9
• Septembre	7.0	• Circuit	7.8	• Résidence secondaire	14.8	• Auberges de jeunesse et autres	4.2

En combien de fois avez-vous pris vos vacances d'été? • Une seule : 78%   • Plusieurs : 22%

Combien de temps êtes-vous parti?

• Moins d'une semaine	5%
• Environ une semaine	14%
• Environ deux semaines	22%
• Environ trois semaines	18%
• Environ quatre semaines	18%
• Environ cinq semaines	7%
• Plus longtemps	14%
• NSP	2%

Quel a été votre principal moyen de transport?

• Voiture	75%
• Train	11%
• Avion	6%
• Autocar	3%
• Bateau	2%
• Autre	2%
• Non précisé	1%

Comment êtes-vous parti?

• Avec un groupe organisé	6%
• En voyage individuel avec un forfait (transports + séjour)	3%
• En voyage individuel sans forfait	89%
• Non précisé	2%

Êtes-vous resté le plus souvent au même endroit?

• Oui	77%
• Ont effectué un circuit	23%

endroit: place

forfait: package price

OUVERTURE

A. **Les vacances typiques.** D'après les résultats du sondage, classez les vacances suivantes du plus typique (1) au moins typique (6).

a. Pierre Giraldon et sa famille ont passé les vacances à la campagne. Ils sont allés à la maison de campagne de ses grands-parents maternels près de Rouen. Ils y sont allés en voiture et y ont passé les trois premières semaines de juillet à se reposer.

b. La famille de Dominique Barluet a passé le mois d'août à Arcachon. Ils ont loué une maison sur la plage et se sont bien amusés à nager et à faire de la voile. Ils ont pris leur voiture pour y aller.

c. Joseph Moreaux et son cousin Bernard Weill ont pris leurs vacances au mois de juin. Ils sont partis avec un groupe d'amateurs de cyclisme qui sont allés en Allemagne. Ils ont roulé à vélo pendant la journée et la nuit ils ont couché dans des auberges de jeunesse ou des hôtels pas

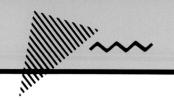

chers. En dix jours ils ont réussi à voir plusieurs régions différentes du pays.

d. Nicole Jolibois et son cousin Daniel Millot ont passé trois semaines dans les Alpes au mois de juillet. Ils sont descendus dans un petit hôtel pas cher et ont fait des randonnées *(outings, hiking)*. Ils ont pris le train pour y aller.

e. Éric et Nicole Lenormard, accompagnés de leurs trois enfants, ont passé quinze jours au mois d'août aux Sables-d'Olonne sur la côte Atlantique. Les parents d'Éric y habitent pendant l'année. Ils y sont allés en voiture.

f. Xavier et Janine Le Roux ont passé leurs vacances aux États-Unis. Ils ont trouvé un voyage assez bon marché (3 000F par personne, avion + hôtel) organisé par la ligne aérienne TWA. Ils sont partis le 10 juillet, ont visité trois villes (New York, Boston, Washington) et sont rentrés à Paris le 24 juillet.

B. **Le calendrier scolaire.** Les vacances scolaires en France sont un peu différentes de vos vacances. Étudiez le calendrier scolaire français, puis répondez aux questions à la page suivante.

CALENDRIER SCOLAIRE
POUR 1990–1991

		ZONE I	ZONE II	ZONE III
ÉTÉ 1990	Prérentrée	Lundi 3/9/90	Lundi 3/9/90	Lundi 3/9/90
	Rentrée	Mardi 4/9/90	Mardi 4/9/90	Mardi 4/9/90
TOUSSAINT	Sortie	Samedi 27/10/90 après la classe	Samedi 27/10/90 après la classe	Samedi 27/10/90 après la classe
	Rentrée	Lundi 5/11/90 au matin	Lundi 5/11/90 au matin	Lundi 5/11/90 au matin
NOËL	Sortie	Samedi 22/12/90 après la classe	Samedi 22/12/90 après la classe	Samedi 22/12/90 après la classe
	Rentrée	Lundi 7/1/91 au matin	Lundi 7/1/91 au matin	Lundi 7/1/91 au matin
HIVER	Sortie	Jeudi 7/2/91 après la classe	Jeudi 14/2/91 après la classe	Jeudi 21/2/91 après la classe
	Rentrée	Lundi 18/2/91 au matin	Lundi 25/2/91 au matin	Lundi 4/3/91 au matin
PRINTEMPS	Sortie	Samedi 30/3/91 après la classe	Vendredi 5/4/91 après la classe	Vendredi 5/4/91 après la classe
	Rentrée	Lundi 15/4/91 au matin	Lundi 22/4/91 au matin	Lundi 22/4/91 au matin
ÉTÉ 1991	Sortie	Jeudi 4/7/91 après la classe	Jeudi 4/7/91 après la classe	Jeudi 4/7/91 après la classe

La ZONE I comprend les académies de: Paris, Créteil, Versailles.

La ZONE II comprend les académies de: Bordeaux, Caen, Clemont-Ferrand, Grenoble, Lille, Montpellier, Nancy-Metz, Nantes, Nice, Rennes.

La ZONE III comprend les académies d'Aix-Marseille, Amiens, Besançon, Dijon, Limoges, Lyon, Orléans-Tours, Poitiers, Reims, Rouen, Strasbourg, Toulouse.

N.B. Pour les académies de la Corse, de la Réunion et des Antilles-Guyane, c'est le recteur, par dérogation du droit commun, qui arrête le calendrier scolaire.

1. Quand recommencent les cours après les vacances d'été en France?
2. En France, quelles vacances sont uniformes—c'est-à-dire, commencent le même jour pour tous les élèves? Quelles vacances sont échelonnées—c'est-à-dire, commencent à des dates différentes selon la région où on habite?
3. La Toussaint, appelée aussi la fête des Morts, est une fête religieuse qu'on célèbre le premier novembre. Est-ce qu'on célèbre la même fête aux États-Unis? Combien de jours de vacances ont les élèves français à la Toussaint?
4. Combien de temps durent les vacances de Noël?
5. Si on habite à Marseille, quand commencent les vacances d'hiver? Et si on habite à Lille? Et dans la région parisienne?
6. Si on habite à Rouen, quel jour est-ce qu'on retourne à l'école après les vacances de printemps? Et si on habite à Paris?
7. Quand finit l'année scolaire en France?

C. **Votre calendrier scolaire.** Répondez aux questions suivantes au sujet du calendrier de votre école.

1. Quand est-ce que vous rentrez à l'école après les vacances d'été?
2. Quand est-ce que vous quittez l'école à la fin de l'année scolaire?
3. Votre année est-elle plus longue ou moins longue que l'année scolaire en France?
4. Combien de temps durent les vacances de Noël pour vous?
5. Est-ce que les élèves français ont des vacances que vous n'avez pas? Lesquelles *(which ones)*?
6. Est-ce que vous avez des vacances que les élèves en France n'ont pas?
7. Lequel préférez-vous, votre calendrier ou le calendrier scolaire en France? Pourquoi?

D. **Finies, les vacances!** Le mois de septembre, c'est la fin des vacances et la rentrée à l'école. Votre attitude à l'égard de la rentrée révèle aussi l'importance que les vacances ont pour vous. Faites le petit test donné à droite et déterminez ce que les vacances représentent dans votre vie. Puis comparez vos résultats aux résultats de vos camarades de classe.

LE JEU-TEST DE ÇA VA

Vive La Rentrée!

Les vacances sont finies!
Es-tu prêt/e pour la rentrée?
Fais ce test et lis les
commentaires en page 3!

1. Pour toi, "grandes vacances" riment avec:

(a) récompense.
(b) différence.
(c) indépendance.

2. Quand tu pars en vacances, tu prends toujours...

(a) ton appareil-photo et ton carnet d'adresses.
(b) tes lunettes de soleil et ton hamac.
(c) des livres et des magazines en français.

5. Le matin de la rentrée, tu penses:

(a) "Super! Je vais revoir mes copains et copines."
(b) "Comment est le nouveau prof de français?!"
(c) "C'est quand, les prochaines vacances?!"

3. Tu rentres de vacances; qu'est-ce que tu fais?

(a) Tu défais ta valise et tu ranges ta chambre.
(b) Tu prépares ton cartable et tu révises tes leçons.
(c) Tu téléphones à tes ami(e)s pour organiser une petite fête.

4. Tu fais des courses pour la rentrée. Tu achètes:

(a) une calculatrice de poche et un dictionnaire.
(b) une chemise à fleurs très mode.
(c) une nouvelle paire de chaussures de sport.

RÉPONSES AU JEU-TEST DE LA PAGE 2

■ Regarde la grille et compte tes points! Pour chaque question, tu as 1, 2 ou 3 points.

QUESTIONS

RÉPONSES	1	2	3	4	5
a	3	2	2	3	2
b	2	1	3	1	3
c	1	3	1	2	1

De 9 à 12 points:
Pour toi, les vacances sont très importantes, mais tu vas aussi à l'école avec plaisir. C'est parfait!

Moins de 9 points:
Tu as encore la tête en vacances et tu n'es pas vraiment prêt/e pour la rentrée. Attention! Les vacances sont finies!!!

Plus de 12 points:
Tu aimes bien l'école. Tu prépares même ta rentrée pendant les vacances! C'est bien, mais n'oublie pas de te reposer de temps en temps!

(Ne prends pas ce test trop au sérieux!)

Chapitre quatre

On fait un voyage

1.

2.

3.

4.

Où sommes-nous? Identifiez le panneau (sign) qui correspond à chaque photo.

a. Voie A
b. Buffet de la gare
c. Billets grandes lignes
d. Salle d'attente

Première étape

Point de départ:

Les gares de Paris

■■■■■■■■■■■■■■■■■■■■■■■■■■■■■■■■

La SNCF (Société Nationale des **Chemins de Fer** Français) **gère** le système **ferroviaire** français. Son centre géographique et administratif est Paris. La capitale a six gares, chacune desservant une région bien délimitée du pays et de l'Europe. Par conséquent, quand vous voulez prendre le train à Paris, il faut savoir non seulement votre destination mais aussi la gare d'où partent les trains pour cette région. Les cartes reproduites ci-dessous vous montrent le **réseau** ferroviaire et son rapport avec les six gares de Paris.

Railroads/manages
rail

network

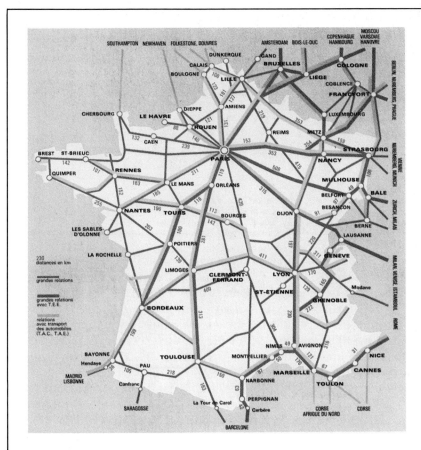

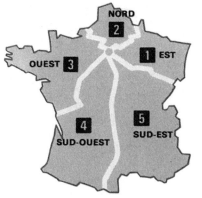

Gare du Nord:
    région nord (Lille, la Belgique, l'Angleterre)
Gare de l'Est:
    région est (Strasbourg, la Suisse, l'Allemagne)
Gare de Lyon:
    région sud-est (Lyon, Grenoble, Marseille, la Côte d'Azur, l'Italie; le TGV)
Gare d'Austerlitz:
    région sud-ouest (Orléans, Tours, Toulouse, Bordeaux, l'Espagne; le TGV-Atlantique)
Gare Saint-Lazare:
    région ouest (la Normandie—Rouen, le Havre)
Gare Montparnasse:
    région ouest (Nantes; la Bretagne—Saint-Malo, Rennes, Brest)

À vous! ■■■■■■■■■■■■■■■■■■■■■■■■■■■■■■■■■■■■

A. **De quelle gare est-ce qu'on part?** After spending a week together in Paris, several American families are heading off to visit different parts of France and Europe. Get them started in the right direction by telling each family which station to go to.

1. John and his parents are going to spend a week in Nantes.
2. Lisa and her brother want to travel to Italy.
3. Jennifer and her cousins are heading for the beaches of southern France.
4. Michael and his grandparents want to visit Bordeaux.
5. Craig and his father are going to London.
6. Linda and her mother want to visit Grenoble.
7. Betsy and her family are going to visit some friends in Le Havre.
8. Mary and her mother want to spend a week in Strasbourg.

B. **C'est très loin?** For Americans, who are used to calculating distances in miles, kilometers do not have a lot of meaning. A simple formula for converting kilometers to miles is to divide by 8 and then multiply by 5. Using the distances indicated in **kilomètres** on the rail map on page 115, calculate how far it is in miles between the following cities.

MODÈLE: Paris–Dijon
          315 km = approximately 200 miles (197)

1. Paris–Nancy
2. Paris–Nîmes
3. Paris–Brest (via Rennes)
4. Paris–Toulouse
5. Quimper–Limoges (via Nantes)
6. Paris–Nice (via Dijon et Lyon)

Note Culturelle

Puisque la France est un pays relativement petit, on prend beaucoup plus souvent le train que l'avion. Le réseau ferroviaire français, qui est un des plus efficaces et des plus sophistiqués du monde, joue en France un rôle pareil au rôle joué par les lignes aériennes aux États-Unis. Les Français sont très fiers de leurs trains, qui sont très confortables et ponctuels. La SNCF est sous le contrôle du gouvernement depuis 1938. Avec ses 35 000 km de voies ferrées *(tracks)* et ses 11 500 trains, elle transporte plus de 610 millions de voyageurs et plus de 250 millions de tonnes de marchandises tous les ans. Les trains express dépassent les 120 km *(75 miles)* à l'heure. Le nouveau TGV (Train à grande vitesse) est un des plus rapides du monde; il fait plus de 270 km *(175 miles)* à l'heure.

STRUCTURE

Les noms de ville et les prépositions

Brest, Rennes et **Carnac** sont des villes en Bretagne.	*Brest, Rennes,* and *Carnac* are cities in Brittany.
Je ne suis jamais allé **à Brest.**	I've never been *to Brest.*
À Rennes, il y a une jolie cathédrale.	*In Rennes* there is a lovely cathedral.
On peut voir des monuments préhistoriques **à Carnac.**	You can see prehistoric monuments *at Carnac.*

You have probably noticed that names of cities in French are usually not preceded by an article. To indicate *to, in,* or *at* with the name of a city, simply use the preposition **à.**

There are, however, a few exceptions—that is, cities whose names do include a definite article. Among the most widely known of these cities are

> **le Havre** (a seaport in Normandy)
> **le Caire** (a city in Egypt)
> **la Nouvelle-Orléans**

After the preposition **à,** the article in the names of these cities follows the basic rule for contractions—**à + le = au, à + la = à la.**

Où est **le Havre**?	Where is *Le Havre*?
Mes parents ont habité **au Caire** pendant cinq ans.	My parents lived *in Cairo* for five years.
Je voudrais aller **à la Nouvelle-Orléans**.	I would like to go to *New Orleans.*

Application ■■■■■■■■■■■■■■■■■■■■■■■■■■■■■■■■

C. **Barb est américaine. Elle habite à Chicago.** Vous montrez à vos parents les photos de quelques jeunes personnes que vous avez rencontrées pendant votre séjour en Europe. Indiquez la nationalité de chaque personne et la ville où il ou elle habite.

MODÈLE: Barb / américain / Chicago
          Barb est américaine. Elle habite à Chicago.

1. Laurent / français / Bordeaux
2. Samantha / allemand / Berlin
3. Luis / mexicain / Mexico
4. Francine / français / le Havre
5. Jim / américain / la Nouvelle-Orléans

6. Sacha / suisse / Genève
7. Fatima / égyptien / le Caire
8. Léopold / sénégalais / Dakar
9. Sophia / italien / Rome
10. Gerald / australien / Sydney

D. **Tu connais…?** Demandez à un(e) camarade de classe s'il (si elle) connaît les villes suivantes. Votre camarade vous indiquera s'il (si elle) est jamais allé(e) à cette ville.

MODÈLE: San Francisco
          — *Tu connais San Francisco?*
          — *Oui, je suis allé(e) à San Francisco il y a cinq ans (en 1986).*
ou: — *Non, je ne suis jamais allé(e) à San Francisco.*

1. Paris
2. Londres
3. New York
4. Moscou
5. Montréal

6. Rome
7. la Nouvelle-Orléans
8. Beijing
9. Dallas
10. le Caire

RELAIS

Où aller?

Écoutez la bande que votre professeur va jouer pour vous. En particulier, faites attention aux expressions utilisées pour proposer quelque chose.

Trois jeunes personnes, Henri, Mireille et Jeanne, parlent de leurs vacances. Ils veulent se mettre d'accord sur une région à visiter.

ON S'EXPRIME

Voici des expressions pour proposer quelque chose et pour répondre
affirmativement:

Si on allait...?	**Bonne idée.**
Pourquoi pas + *infinitif*?	**D'accord.**
J'ai une idée. Allons...	**Je veux bien.**

Si on allait: What if we went

À vous!

E. **Je propose...** Proposez à vos camarades de classe les destinations
suivantes. Utilisez à tour de rôle *(in rotation)* les expressions **Si on
allait...?, Pourquoi pas aller...?** et **J'ai une idée. Allons...**

MODÈLE: Bordeaux, Nice, Grenoble
— *Si on allait à Bordeaux?*
— *Pourquoi pas aller à Nice?*
— *J'ai une idée. Allons à Grenoble!*

1. Lille, Rouen, Toulouse
2. Madrid, Rome, Genève
3. le Caire, Abidjan, Dakar
4. Beijing, Moscou, Tokyo
5. Chicago, Los Angeles, la Nouvelle-Orléans

F. **Où aller?** Vous faites des projets de voyage avec vos amis. Vous n'aimez
pas les deux premières suggestions, mais vous vous mettez d'accord
(agree) sur la troisième. Suivez le modèle.

MODÈLE: dans le Midi, trop chaud / en Bretagne, l'année dernière /
en Alsace

PIERRE: *Pourquoi pas aller dans le Midi?*
MARIE: *Non, il fait trop chaud. J'ai une idée. Allons
en Bretagne.*
GEORGES: *Non, je suis allé en Bretagne l'année dernière.
Si on allait en Alsace?*
MARIE: *Oui. Bonne idée.*
PIERRE: *Je veux bien.*
GEORGES: *Bien, c'est décidé. On va en Alsace.*

1. dans les Alpes, trop froid / en Champagne, l'été dernier / dans le Midi
2. en Espagne, trop chaud / en Angleterre, l'année dernière / en Suisse
3. à New York, trop de monde / à Minneapolis, trop froid / à Dallas
4. en Normandie, les vacances de Pâques / dans le Midi, trop de monde /
en Alsace
5. à Rome, trop chaud / à Londres, trop de monde / à Amsterdam
6. au Caire, l'année dernière / à Tunis, l'année dernière / à Casablanca

STRUCTURE

Les autres expressions géographiques et les prépositions

Quand est-ce que vous partez **pour l'Europe?**	When are you leaving *for Europe?*
Tu vas **en Espagne?**	Are you going *to Spain?*
Non, on va passer un mois **au Portugal.**	No, we're going to spend a month *in Portugal.*
Et vous, vous allez rester **aux États-Unis?**	What about you? Are you going to stay *in the United States?*

You have learned that most city names in French appear without an article. Most other geographical expressions are preceded by a definite article, including continents (**l'Europe**), countries (**la France**), provinces (**la Normandie**), rivers (**le Rhône**), and mountains (**les Pyrénées**).

> **La France** a une population de 55 millions de personnes.
> J'adore **la Suisse.**
> Elle connaît très bien **les États-Unis.**

However, when you wish to express the idea of being *in* or *at* a place or of going *to* somewhere, the definite article either disappears (**en France, en Alsace**) or is combined with the preposition (**au Maroc, aux États-Unis**).

	Feminine country or masculine country beginning with vowel	Masculine country beginning with consonant	Plural country
to, in, at	**en**	**au**	**aux**

1. The great majority of geographical names ending in **-e** are feminine: **la France, la Bretagne, la Chine, la Russie.** Two exceptions are **le Mexique** and **le Zaïre.**
2. Geographical names ending in a letter other than **-e** are usually masculine: **le Canada, le Japon, le Danemark, Israël,**[1] **les États-Unis.** Remember, however, that masculine expressions beginning with a vowel or a vowel sound use **en** to allow for liaison: **en Israël, en Iran.**

[1]**Israël** is a rare exception to the rule that names of countries are preceded by a definite article: **Israël se trouve au Moyen-Orient.**

Application ■■■■■■■■■■■■■■■■■■■■■■■■■■■■■■

G. **Où est-ce qu'on parle...?** En employant les pays entre parenthèses, indiquez où on parle les langues suivantes. Vous pouvez trouver le genre du nom de ces pays d'après leur dernière lettre. Attention aux exceptions!

MODÈLE: Où est-ce qu'on parle allemand? (Allemagne / Suisse)
On parle allemand en Allemagne et en Suisse.

1. Où est-ce qu'on parle français? (France / Tunisie / Canada / Maroc)
2. Où est-ce qu'on parle anglais? (Angleterre / Australie / États-Unis)
3. Où est-ce qu'on parle chinois? (Chine)
4. Où est-ce qu'on parle espagnol? (Espagne / Pérou / Argentine / Mexique)
5. Où est-ce qu'on parle japonais? (Japon)
6. Où est-ce qu'on parle suédois? (Suède)
7. Où est-ce qu'on parle portugais? (Portugal / Brésil)
8. Où est-ce qu'on parle russe? (U.R.S.S.)

Les pays du monde

L'Europe	**L'Asie**	**L'Amérique du Nord**
l'Allemagne *(f.)*	la Chine	le Canada*
l'Angleterre *(f.)*	l'Inde *(f.)*	les États-Unis *(m.pl.)*
la Belgique*	le Japon	le Mexique *(m.)*
le Danemark	le Viêt-Nam*	
l'Espagne *(f.)*		**L'Amérique Centrale et**
la France*		**l'Amérique du Sud**
la Grèce		
l'Italie *(f.)*		l'Argentine *(f.)*
les Pays-Bas *(m.pl.)*		le Brésil
le Portugal		la Colombie
la Suède		le Nicaragua
la Suisse*		le Venezuela
l'U.R.S.S. *(f.)* l'Union		le Pérou
soviétique		le Mexique

*Pays francophone = où le français est une langue officielle

L'Afrique	**Le Moyen-Orient**	**Le Pacifique Sud**
l'Algérie* *(f.)*	l'Égypte *(f.)*	l'Australie *(f.)*
l'Afrique du Sud *(f.)*	l'Iran *(m.)*	la Nouvelle Zélande
le Cameroun*	Israël *(m.)*	les Philippines *(f.)*
la Côte d'Ivoire*	la Libye	
le Maroc*	la Syrie	
le Sénégal*		
la Tunisie*		
le Zaïre		

*Pays francophone = où le français est une langue officielle

H. **Où se trouve...?** Indiquez dans quels pays se trouvent les villes suivantes.

MODÈLE: Paris
Paris se trouve en France.

1. Madrid
2. Montréal
3. Rome
4. Berlin
5. Tokyo
6. Londres
7. la Nouvelle-Orléans
8. Moscou
9. Lisbonne
10. Bruxelles
11. Mexico
12. Jérusalem
13. Beijing
14. Dakar
15. Copenhague
16. Buenos Aires
17. Manille
18. Calcutta
19. Genève
20. le Caire

I. **Est-ce que tu as jamais visité...?** Quand on vous demande si vous avez jamais visité les pays suivants, répondez aux questions ci-dessous en suivant le modèle.

MODÈLE: la Suisse
— *Est-ce que tu as jamais visité la Suisse?*
— *Oui, je suis allé(e) en Suisse avec ma famille (des amis, un groupe de...).*
ou: — *Non, je n'ai jamais visité la Suisse, mais je voudrais bien aller en Suisse un jour.*
ou: — *Non, et je n'ai vraiment pas envie d'aller en Suisse.*

1. la France
2. l'Angleterre
3. le Japon
4. le Mexique
5. la Chine
6. Israël
7. la Côte d'Ivoire
8. le Canada

DÉBROUILLONS-NOUS !

Exercice oral

J. **Organisons un voyage!** You and two classmates are planning a short vacation trip starting in Paris. To begin, each of you proposes one of the places listed below. When someone objects to each suggestion, you agree on a fourth destination (also chosen from the list below). Then decide which station your train will leave from.

Possible destinations: Madrid / Rome / Munich / Nice / Strasbourg / Zurich / Londres / Lisbonne

Exercice écrit

K. **Pourquoi pas y aller avec nous?** Write a short note to a friend, describing the trip that you and your classmates planned in **Exercise J** and inviting your friend to join you. Follow the outline given below and use appropriate expressions to begin and end the letter.

1. Tell where you are planning to go.
2. Tell who is going with you.
3. Tell where you are planning to leave from.
4. Invite your friend to accompany you.

Deuxième étape

Point de départ:

Train + vélo

■ ■

La SNCF offre de nombreux services à ses voyageurs. Lisez l'extrait suivant d'une brochure destinée aux gens qui aiment faire des voyages en train et des excursions à vélo.

randonnée: outing
emportez: bring
gratuitement: free
chargement: loading
fourgon: baggage car
remis: handed over
enregistrer: to check
enlèvement: pick-up
livraison: delivery
location: rental
caution: deposit

Guide du train et du vélo
Avril 1987

SNCF

Une journée de randonnée, un départ en vacances, une envie de balade...
Prenez le train sans vous priver de vélo

vous emportez votre vélo :

EN MÊME TEMPS QUE VOUS DANS LE TRAIN

● en bagage à main, gratuitement.

Tous les jours, dans plus de 2 000 trains de petit parcours, vous pouvez emporter votre vélo comme un bagage à main. Vous assurez vous-même le chargement dans le fourgon à bagages, la surveillance et le déchargement de votre vélo. Dans certains trains, un fourgon signalé par une affichette est spécialement réservé.

Ces trains sont repérés dans les indicateurs horaires de la SNCF par un pictogramme 🚲 en tête de colonne horaire.

Les services d'accueil et de vente sont en outre, dans les gares, à votre disposition pour vous les indiquer.

En banlieue de Paris, vous pouvez utiliser :
● tous les trains des samedis, dimanches et fêtes,
● les trains des mercredis en dehors des périodes horaires de 6 h 30 à 9 h 30 et de 16 h 30 à 19 h.

Toutefois, certains trains désignés dans les indicateurs de banlieue ne sont jamais accessibles.

● remis au service bagages SNCF

Dans certains trains, votre vélo voyagera en même temps que vous (renseignez-vous dans votre gare).

Vous devez l'enregistrer une demi-heure ou une heure avant votre départ, selon les gares. Vous pouvez le retirer une demi-heure environ après votre arrivée.

les prix* par vélo

Droit d'enregistrement :	30 F
Enlèvement à domicile :	25 F
Livraison à domicile :	25 F

*Prix au 30/ 4/ 87.

vous n'emportez pas votre vélo :

TRAIN + Vélo

La SNCF met à votre disposition dans 287 gares un service de location de vélos.

Il vous suffit de présenter une carte d'identité et de verser une caution de 250 F.

Si vous présentez :
– une Carte Bleue, une Carte Bleue Visa, Eurocard, Master Card, Access,
– une carte d'abonnement à libre circulation, carte demitarif, carte Vermeil, carte France Vacances, carte Jeune,

vous ne payez pas cette caution.

À vous! ■■■■■■■■■■■■■■■■■■■■■■■■■■■■■■■■

A. **On va faire du vélo aussi?** Answer the following questions on the basis of the information given in the **Guide du train et du vélo.**

1. What is the least expensive way to have a bike ready for you at the end of your train trip? How can you tell if it is possible to do this on the train you are planning to take?
2. How much will you pay to check your bike if you bring it to the station with you? How long will you have to wait on arrival at your destination before you can pick up your bike?
3. Imagine that you are planning to rent a bike for five days. How much will you have to pay when you pick the bike up? Why?

B. **On quitte la France.** Vos amis vont prendre le train à Paris pour voyager dans d'autres pays européens. Quand ils annoncent leur destination, vous indiquez dans quel pays se trouve chaque ville et de quelle gare partent les trains pour cette ville. Suivez le modèle.

MODÈLE: Madrid (Austerlitz)
— *Je prends le train pour aller à Madrid.*
— *Madrid se trouve en Espagne. Les trains pour l'Espagne partent de la Gare d'Austerlitz.*

1. Londres (Nord)
2. Amsterdam (Nord)
3. Venise (Lyon)
4. Barcelone (Austerlitz)
5. Genève (Est)
6. Bruxelles (Nord)
7. Lisbonne (Austerlitz)
8. Munich (Est)

C. **Les villes du monde.** Pour chaque ville indiquée sur la carte à la page suivante, précisez le pays où elle se trouve et la langue qu'on y parle.

MODÈLE: *Paris se trouve en France. À Paris, on parle français.*

STRUCTURE

Les expressions géographiques et les prépositions (suite)

— Jean-Michel et Martine arrivent **d'Alger.**	— Jean-Michel and Martine are arriving *from Algiers.*
— C'est vrai? Mais ils sont français, n'est-ce pas?	— Is that right? But they are French, aren't they?
— Oui. Mais la famille de Jean-Michel est **du Maroc** et la famille de Martine est **d'Algérie.**	— Yes. But Jean-Michel's family is *from Morocco* and Martine's family comes *from Algeria.*

To express the idea of *from* with a city, a feminine country, or a masculine country beginnning with a vowel or vowel sound, use **de (d').** To express the idea of *from* with a masculine country beginning with a consonant, use **du** or, in the plural, **des.**

	City	Feminine country or masculine country beginning with vowel	Masculine country	Plural country
from	**de (d')**	**de (d')**	**du**	**des**

Application ■■■■■■■■■■■■■■■■■■■■■■■■■■■■■■

D. **Un congrès mondial.** *(An international meeting.)* Voici la liste des délégués à un congrès international de jeunes. Précisez le nombre de délégués qui viennent des pays suivants.

MODÈLE: la France (12)
   Il y a douze délégués de France.

1.	l'Algérie	3	9.	l'Iran	4
2.	l'Allemagne	10	10.	Israël	7
3.	la Belgique	5	11.	l'Italie	6
4.	le Canada	10	12.	le Mexique	5
5.	le Cameroun	2	13.	la Suisse	7
6.	la Côte d'Ivoire	6	14.	les Philippines	1
7.	le Danemark	2	15.	l'U.R.S.S.	10
8.	les États-Unis	8			

E. **D'où vient ta famille?** Demandez à deux camarades de classe d'où vient la famille de leur père et de leur mère. Ensuite, expliquez à un(e) autre élève ce que vous avez appris.

MODÈLE: — *D'où vient ta famille?*
           — *La famille de mon père vient d'Angleterre et la famille de ma mère vient de Grèce.*
           — *Ah, Heather est d'origine anglaise et grecque.*

Quel est notre itinéraire?

Écoutez la bande que votre professeur va jouer pour vous. En particulier, faites attention aux expressions utilisées pour fixer un itinéraire.

Jeanne, Henri et Mireille fixent le calendrier de leur voyage en Bretagne et en Normandie.

ON S'EXPRIME

Voici des verbes pour fixer un itinéraire:

partir	On **part** le matin du 4 avril.
prendre	On **prend** le train jusqu'à Toulouse.
coucher	On **couche** la première nuit à Toulouse.
repartir	On **repart** le lendemain matin *(the next morning).*
passer	On **passe** deux jours à Carcassonne.
reprendre	On **reprend** le train à Montpellier.
rentrer	On **rentre** à Paris le soir du 8 avril.

À vous!

F. **Non. Moi, je voudrais...** Vous organisez un voyage avec un(e) camarade. Chaque fois que vous proposez quelque chose, votre ami(e) a une autre idée. Vous n'êtes pas difficile; vous acceptez la suggestion de votre camarade.

MODÈLE: passer deux jours à Colmar / trois jours
           — *On peut passer deux jours à Colmar.*
           — *Non. Moi, je voudrais passer trois jours à Colmar.*
           — *Bon, d'accord. On va passer trois jours à Colmar.*

1. partir le 5 juillet / le 3 juillet
2. prendre le train jusqu'à Nancy / jusqu'à Strasbourg
3. louer des vélos à la Gare de Strasbourg / emporter nos vélos dans le train
4. coucher la première nuit à Strasbourg / à Obernai
5. repartir le lendemain matin / le lendemain après-midi
6. passer deux jours à Haut-Kœnigsbourg / un jour
7. visiter d'abord Colmar et ensuite Ribeauville / d'abord Ribeauville et ensuite Colmar
8. rester en France / aller en Suisse
9. reprendre le train à Mulhouse / à Bâle
10. rentrer le 10 juillet / le 11 juillet

G. **Une semaine dans le sud-ouest de la France.** Renée et son frère Alain parlent d'un voyage qu'ils vont faire. Consultez le plan, puis complétez leur dialogue.

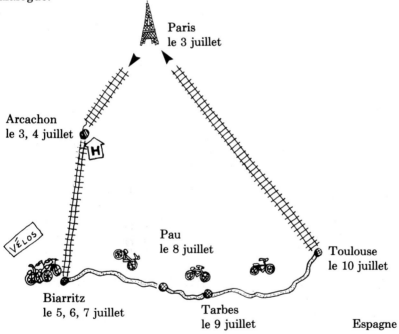

ALAIN: Quel jour est-ce qu'on part?
RENÉE: _____
ALAIN: Jusqu'où est-ce qu'on prend le train?
RENÉE: _____
ALAIN: J'emporte mon vélo?
RENÉE: _____
ALAIN: Où est-ce que nous allons coucher les deux premières nuits?
RENÉE: _____

ALAIN: D'accord. Et ensuite on va à Biarritz. On y va à vélo?

RENÉE: Non. C'est trop loin. On prend le train. Combien de jours est-ce que tu veux passer à Biarritz?

ALAIN: —————

RENÉE: Est-ce que tu as envie d'aller en Espagne?

ALAIN: Non, —————. Ensuite une nuit à Pau et une nuit à Tarbes.

RENÉE: Quel jour est-ce qu'on rentre à Paris?

ALAIN: —————

RENÉE: Où est-ce qu'on reprend le train pour rentrer?

ALAIN: —————

STRUCTURE

Le pronom **y**

— On **y** va?	— Shall we go?
— Où?	— Where?
— À la bibliothèque.	— To the library.
— Pour faire quoi?	— What for?
— Je dois **y** chercher un livre.	— I have to get a book *there*.
— J'habite en Bretagne avec mes parents.	— I live in Brittany with my parents.
— Depuis longtemps?	— For a long time?
— Nous **y** habitons depuis six ans.	— We've been living *there* for six years.

Like other pronouns, **y** is used to avoid repeating a word or a phrase already mentioned in the conversation. The object pronoun **y** refers only to things, not to people. It is most frequently used in the following situations:

1. To complete the verb **aller** (in this case, it often has no equivalent in English):

Allons-**y**!	Let's go!
Tu **y** vas à pied?	Are you going to walk?
Elle veut bien **y** aller aussi.	She wants to go, too.

2. To replace a prepositional phrase of location (in this case, the English equivalent is often *there*):

— Mes gants de travail sont **sur la table?**	— Are my work gloves *on the table?*

— Non, ils n'**y** sont pas, Maman.	— No, they aren't *there*, Mom.
— Ta mère travaille **chez Peugeot?**	— Your mother works *for Peugeot?*
— Oui, elle **y** travaille depuis des années.	— Yes, she's been working *there* for years.
— Elle prend l'autobus pour aller **à son travail?**	— Does she take the bus to go *to work?*
— Non, elle **y** va à vélomoteur.	— No, she goes *(there)* by motorbike.

In a sentence, **y** takes the same position as the direct and indirect object pronouns:

- Before the verb in simple tenses (**J'y vais tous les jours.**), in compound tenses (**Elle y est allée aussi.**), and in negative commands (**N'y allez pas!**)
- Before the infinitive when used with conjugated verb + infinitive (**On peut y visiter la Tour Magnan.**)
- After the verb in affirmative commands (**Allons-y! Vas-y!**)[2]

Application ■■■■■■■■■■■■■■■■■■■■■■■■■■■■■

H. **On y va?** Quand un(e) camarade propose de faire quelque chose, répondez affirmativement ou négativement, comme vous le voulez, en utilisant une des expressions suivantes: **Oui. Allons-y! / Non, je ne veux pas y aller. / Non, je ne peux pas y aller.**

MODÈLE: J'ai grand-faim. On va au Quick?
         Oui. Allons-y!
   ou: *Non. Je ne veux pas y aller.*
   ou: *Non, je ne peux pas y aller.*

1. J'ai grand-soif. On va au café?
2. Il est midi. On va manger quelque chose à la briocherie en face du lycée?
3. Moi, je voudrais voir un film. On va au cinéma ce soir?
4. Je dois chercher un livre à la bibliothèque. Tu viens avec moi?
5. Il fait très chaud. Je voudrais bien aller nager à la piscine.
6. J'ai des courses à faire en ville. Tu veux m'accompagner?

[2]When **y** is used with the familiar affirmative command form of **aller,** an **s** is added for liaison: **Va à la banque! Vas-y!** but: **N'y va pas!**

I. **La famille de Pascale Mounier.** Vous vous renseignez au sujet de la famille d'une amie française. D'abord, vous voulez savoir si les personnes dont *(about whom)* elle parle habitent ou travaillent ou sont ou vont **depuis longtemps** à l'endroit *(place)* qu'elle mentionne.

MODÈLE: Mon oncle Patrick habite à Grenoble. (dix ans)
     — Il y habite depuis longtemps?
     — Ça fait dix ans qu'il y habite.

1. Mes grands-parents habitent à Poitiers. (soixante ans)
2. Ma sœur Annick habite à Limoges. (six mois)
3. Mon père travaille dans une banque. (cinq ans)
4. Ma mère travaille chez IBM. (sept ans)
5. Mon petit frère est à l'école maternelle *(nursery school).* (trois semaines)
6. Mes cousins vont au lycée Pasteur. (deux ou trois ans)

Les membres de la famille de Pascale sont en vacances dans des endroits différents. Vous voulez savoir **comment ils y sont allés** et **combien de temps ils vont y passer.**

MODÈLE: Ma tante Élise est à Nice. (en voiture / trois semaines)
     — Comment est-ce qu'elle y est allée?
     — Elle y est allée en voiture.
     — Combien de temps est-ce qu'elle va y passer?
     — Elle va y passer trois semaines.

7. Mes grands-parents sont en Yougoslavie. (en avion / quinze jours)
8. Ma sœur Annick est en Bretagne. (par le train / deux mois)
9. Mon oncle est en Espagne (en voiture / trois semaines)
10. Mes cousins sont en Grèce. (en bateau / un mois)

J. **Ils y sont?** Bernard a perdu certaines de ses affaires. Répondez à ses questions en utilisant les mots entre parenthèses.

MODÈLE: Mes gants, ils sont sur la chaise? (Non)
     Non, ils n'y sont pas.

1. Mes clés, elles sont sur la chaise? (Non)
2. Mon stylo, il est sur le bureau? (Oui)
3. Mon pull, il est dans le placard? (Oui)
4. Mes disques, ils sont à côté de la chaîne stéréo? (Non)
5. Mon vélo, il est derrière la porte? (Non)

MODÈLE: Qu'est-ce que j'ai laissé sur le bureau? (des livres et un stylo)
     Sur le bureau? Tu y as laissé des livres et un stylo.

6. Qu'est-ce que j'ai laissé sur le lit? (des chaussures, un pull-over et des clés)
7. Qu'est-ce que j'ai laissé dans le placard? (un pantalon et un sac à dos)
8. Qu'est-ce que j'ai laissé sous la fenêtre? (un vélo)
9. Qu'est-ce que j'ai laissé dans le panier? (des papiers)
10. Qu'est-ce que j'ai laissé derrière la chaise? (une radio-cassette)

DÉBROUILLONS-NOUS!

Exercice oral

K. **Un itinéraire.** You are planning a week's trip with two classmates to visit the **châteaux de la Loire.** You start and end in Paris. Using the map of the Loire valley, decide:

1. what day you are going to leave
2. to what city you're going to take the train
3. whether you're going to bring bikes or rent them
4. which **châteaux** you want to visit and in what order
5. where you want to spend the nights
6. when you are planning to return to Paris
7. from where you are going to take the train back to Paris

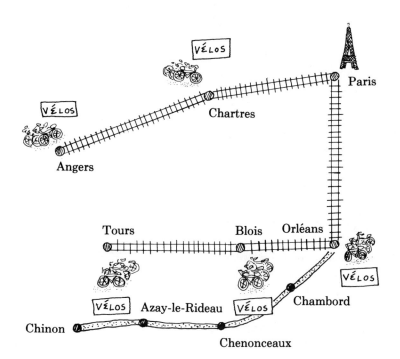

Exercice écrit

L. **Une lettre à votre professeur.** You and your two classmates have just
    returned from the trip you planned in Exercise K. Write a letter to your
    French teacher telling about your visit to the château country of France.
    Begin and end your letter appropriately.

Le marathon de Paris

Lexique

On s'exprime

Pour proposer un voyage

J'ai une idée. Allons . . . !
Pourquoi pas aller . . . ?
Si on allait . . . ?

Pour répondre affirmativement à une suggestion

Allons-y!
Bonne idée!
D'accord.
Je veux bien.

Pour parler d'un voyage

arriver à (de)
partir pour (de)
passer par

Pour organiser un itinéraire

coucher à
emporter son vélo
louer un vélo
passer . . . jours à
prendre le train jusqu'à
rentrer (à)
repartir (pour)
reprendre le train à (pour)
visiter

Vocabulaire général

Noms	Adverbes	Autres expressions
un(e) délégué(e)	quelque part	C'est décidé.
le lendemain	seulement	C'est super!
	tôt	trop de monde

LE TGV

Lecture: *Paris–Lyon par le TGV*

Nous sommes à la gare de Lyon et la voix[1] que nous entendons aux hauts-parleurs[2] nous annonce le départ de notre train. Nous allons prendre le TGV pour la première fois. Notre voyage commence à Paris et finira[3] à la Gare Perrache de Lyon. «Attention! Attention! À la voie H, départ immédiat du TGV à destination de Lyon. Tous les passagers sont invités à monter en voiture!»

Nous prenons nos petites valises, nous montons dans le train et nous nous installons dans les sièges[4] confortables d'un des trains les plus rapides du monde. 260 à 300 km à l'heure! Quelle anticipation! Quelle expérience!

Le TGV a été inauguré en 1981 après dix ans de projets, de construction et de problèmes à première vue insurmontables. La SNCF, avec l'aide du gouvernement français, a réalisé ce projet, qui diminue presque de moitié[5] le temps de parcours[6] entre Paris et Lyon. En fait, nous allons arriver à la Gare

Perrache en deux heures quarante minutes. Et nous allons le faire avec élégance, style, un minimum de bruit[7] et de pollution! Le TGV est un train électrique; il n'est donc pas touché par les crises pétrolières[8] de nos jours.

En 1989, 50 pour cent de la totalité du trafic ferroviaire[9] national se fait déjà par le TGV et ce chiffre[10] augmente d'année en année. Bientôt, les voyageurs à destination de la Suisse, de l'Italie et de l'Espagne vont faire ce trajet avec la rapidité et le confort offerts par le TGV.

Vocabulaire: 1. voice 2. loudspeakers 3. will end 4. seats 5. about in half 6. travel time 7. noise 8. oil 9. rail 10. figure (number)

INTÉGRATION

A. **Vrai/faux.** Indiquez si les phrases suivantes sont vraies ou fausses. Corrigez les phrases qui sont fausses à l'aide des renseignements du texte.

1. Le TGV est le train le plus rapide du monde.
2. Le TGV fait plus de 150 *miles* à l'heure.
3. Le TGV augmente la pollution.
4. Le TGV a plus de dix ans.
5. Le TGV diminue un peu le temps de parcours entre Paris et Lyon.
6. Il y a très peu de passagers qui voyagent par le TGV.

B. **La réservation TGV: obligatoire.** Your parents and their friends are planning a trip to France. They would like the chance to travel on one of the world's fastest trains, the TGV. Their travel agent has sent them a brochure, but unfortunately, they do not read French. Read the section of the **Guide du voyageur TGV** on the next page. Then answer your parents' questions. Use your reading skills to get as much information as you can from the brochure.

LA RESERVATION TGV : OBLIGATOIRE LA RESERVATION TGV : OBLIGATOIRE LA RESERVATION TGV : OBLIGATOIRE

Dans le TGV, pour votre plus grand confort,
tous les voyageurs sont assis.
Pour qu'il n'y ait pas plus de passagers que de places assises,
la réservation est **obligatoire**.

Deux solutions sont envisageables :

1. VOUS POUVEZ ORGANISER VOTRE DÉPART AVANT VOTRE ARRIVÉE À LA GARE

Achetez alors votre billet et réservez votre place à l'avance :
- **Par correspondance** : à partir de 6 mois avant la date de votre départ.
- **Au guichet des 1500 gares et des agences de voyages agréées** assurant la réservation : dans les 2 mois qui précèdent votre départ et jusqu'à la limite du temps qui vous est nécessaire pour rejoindre la gare de départ.
- **Par téléphone en gare** : à partir de 2 mois avant votre départ. Un numéro de dossier vous est communiqué ainsi que la date limite de retrait de vos places.
Vous pouvez effectuer ce retrait dans le point de vente de votre choix (gare ou agence de voyages) équipé d'un terminal.
Il vous suffit de fournir au vendeur les trois éléments suivants :
– le numéro de dossier
– votre nom
– la date de départ.
En cas de non-retrait dans le délai fixé, les attributions de places seront annulées automatiquement par le système de réservation.

- **Par MINITEL** : à partir de 2 mois avant votre départ. Les places commandées par MINITEL sont retirées dans les mêmes conditions que celles réservées par téléphone.

Pour la restauration à la place en 1ʳᵉ classe, la réservation est nécessaire afin de vous assurer un service de qualité. Vous pouvez réserver votre repas (sauf par MINITEL) en même temps que votre place, jusqu'à une heure avant le départ du TGV de sa gare d'origine.

2. VOUS N'AVEZ PAS PU ORGANISER VOTRE DÉPART AVANT VOTRE ARRIVÉE À LA GARE

POUR DÉPART IMMÉDIAT
- **Vous n'avez pas de billet**
Au guichet de la gare de départ, un vendeur SNCF vous délivre en une seule fois et jusqu'au dernier moment (quelques minutes avant votre départ) :
– votre billet,
– votre réservation TGV et le supplément éventuel (cf. page 7).
Pour permettre à un plus grand nombre de voyageurs n'ayant pas leur billet d'emprunter le premier TGV offrant des places disponibles, une procédure de "réservation rapide au guichet" a été mise en place. Elle consiste à attribuer une place dans ce premier TGV possible mais, comme la demande est tardive, elle ne permet pas automatiquement le choix entre "fumeurs", "non fumeurs", "coin-fenêtre", "coin-couloir".

- **Vous avez déjà votre billet ou une carte d'abonnement**
Un système de réservation rapide "libre-service" est à votre disposition.
Sur le quai ou sur le parcours d'accès au train, des distributeurs marqués "TGV réservation rapide" vous permettent d'obtenir des places dans le premier TGV ayant des places disponibles et partant

dans l'heure et demie qui suit la demande (1). Mais, comme votre demande est tardive, cette attribution de places ne permet pas le choix entre "fumeurs", "non fumeurs", "coin-fenêtre", "coin-couloir" et "repas à la place".

Pour vous permettre de partir plus tôt, et si vous avez préalable-

(1) Certains TGV étant à supplément, le distributeur vous aura préalablement offert de rechercher votre place, soit dans tous les TGV, avec ou sans supplément, partant dans l'heure et demie qui suit, soit dans les seuls TGV sans supplément.

1. Do we need a reservation?
2. Can we make a reservation in advance? If yes, how? If not, why not?
3. Is it a problem if we decide at the last minute to take the *TGV*?
4. Would we have to reserve meals if we want to eat on the train?

C. **À la Gare de Lyon.** Les TGV partent de la Gare de Lyon. Reliez les noms des endroits qu'on trouve dans la Gare de Lyon à leur description.

1. le buffet de la gare
2. le composteur
3. le distributeur automatique de billets
4. le panneau des horaires
5. le kiosque à journaux
6. la salle d'attente
7. le bureau des renseignements
8. le passage sous-terrain

a. C'est ici qu'on peut trouver de l'aide si on a des questions.
b. C'est ici qu'on peut attendre son train.
c. Sur ce tableau on peut se renseigner sur l'heure de départ ou d'arrivée de son train.
d. Avec des pièces de 10F on peut acheter un billet pour un départ immédiat.
e. C'est en passant par ici qu'on peut aller d'un quai à un autre sans traverser les voies.
f. Ici on peut acheter des journaux, des revues, des bonbons.
g. Ici on peut acheter quelque chose à boire ou à manger pendant qu'on attend son train.
h. C'est ici qu'il faut valider son billet.

Chapitre cinq

On prend le train

2. TGV

1. OMNIBUS

3. CORAIL

Quel train vont-ils prendre? Associez les voyageurs et les trains qu'ils vont prendre.

a. Pierre Flury est un homme d'affaires. Il est obligé de voyager entre Paris et Marseille deux ou trois fois par mois.

b. Charles et Lucie Benoist partent en vacances avec leurs quatre enfants— Michel, Brigitte, Anne-Marie et Jean-Yves. Ils vont passer le mois de juillet au bord de la mer.

c. Marcel Lubin habite à 30 km de Paris. Tous les matins, il prend le train pour aller à son bureau, qui est près de la Villette. Tous les soirs, il reprend le train pour rentrer chez lui.

Point de départ:

L'horaire des trains

l'horaire des trains:
train schedule (timetable)

■■■■■■■■■■■■■■■■■■■■■■■■■■■■■■■

La S.N.C.F. prépare des petits horaires qui indiquent les départs et arrivées de trains entre la plupart des villes principales de la France. Étudiez l'horaire des trains entre Brest (qui se trouve en Bretagne) et Bordeaux (au sud-ouest de la France).

| Numéro du train | | 3730 | 3032 | 3708 | 7580/1 | 3473 | 8666 | 3474 | 8676 | 8674 | 3716 | 3040 | 3529 | 3533 | 3718 | 3736 | 3044 | 3479 | 3525 | 3734 | 3734 | 6088 | 3481 |
Notes à consulter		1	2	3	4/5	6	4/5	7	8/9	10/4	7/27	5	11	12	13	14	5	15	16	15	17/18	19	20/21
Brest	D					08.19		11.36	11.36											17.02		18.00	
Quimper	A					09.39		13.00	13.09											18.25		19.19	
Quimper	D	05.46		07.10			10.36				13.17			14.53	15.14					18.43	18.43		19.35
Lorient	D	06.31		08.00			11.23				14.07			15.44	15.56					19.41	19.41		20.31
Auray	D	06.51		08.27			11.49				14.30			16.07	16.16					20.09	20.09		20.56
Vannes	D	07.04		08.42			12.04				14.45			16.23	16.29					20.26	20.26		21.12
Redon	A	07.36		09.19			12.39				15.24			17.03	17.03					21.07	21.07		21.51
Redon	D		07.46	09.26			12.41		15.38							17.08				21.09	21.09		21.53
Nantes	A		08.44	10.18			13.36		16.25							18.00				22.06	22.06		22.41
Nantes	D				10.32		13.51					16.50	17.00				18.08	18.51		23.05		23.05
La Roche-sur-Yon	A				11.12		14.35					17.37	17.46				18.49	19.34		23.58		23.58
La Rochelle	A				12.18		15.41					18.44	18.55				19.53	20.37		01.26		01.26
Rochefort	A				12.41		16.09					19.12	19.24				20.17	21.01		02.20		02.20
Saintes	A				13.09		16.39					19.43	19.56				20.46	21.31		02.57		02.57
Bordeaux St-Jean	A				14.25		18.06					21.19	21.35				22.02	22.48		05.01		05.01

Tous les trains offrent des places assises en 1re et 2e cl. sauf indication contraire dans les notes.

Notes :

1. Circule tous les jours sauf les dimanches et fêtes et les 31 octobre, 12 novembre, 30 avril et 7 mai.

2. Circule tous les jours sauf les dimanches et fêtes. Autorail.

3. Circule tous les jours sauf le 22 avril. Corail ⌘

4. Train acheminant les bicyclettes gratuitement en bagages en main.

5. Circule tous les jours. Autorail.

6. Circule tous les jours sauf les 30 octobre, 29 avril et 6 mai.

7. Circule tous les jours. Corail ✕

8. Circule tous les jours sauf les samedis.

9. Train acheminant les bicyclettes gratuitement en bagages à main sauf les lundis.

10. Circule les samedis.

11. Circule les vendredis sauf les 11 novembre et 1er juin. Circule les 10 novembre et 30 mai.

12. Circule les dimanches sauf les 30 octobre, 22, 29 avril et 6 mai. Circule les 1er novembre, 23 avril, 1er et 8 mai.

13. Circule les 1er, 13 novembre, 23 avril, 1er et 8 mai.

14. Circule tous les jours sauf les dimanches et fêtes et sauf les 31 octobre, 30 avril et 7 mai.

Symboles

A	Arrivée
D	Départ
⌐	Couchettes
🛏	Voiture-Lits
✕	Voiture restaurant
⊗	Grill-express
▭	Restauration à la place
⌘	Bar
🛒	Vente ambulante
TEE	Trans Europ Express
IC	Intercités
	Train grande vitesse

À vous! ■■■■■■■■■■■■■■■■■■■■■■■■■■■■■

A. **Un horaire.** Answer the following questions about the Brest-Bordeaux timetable.

1. How many direct trains are there daily between Quimper and Bordeaux?

2. How long does it take to go from Quimper to Bordeaux? from Nantes to Bordeaux? (Give the fastest times.)

3. If you are in Brest and want to go to Bordeaux, how long will it take you (approximately)? Are there direct trains?

141

4. Which train between Quimper and Bordeaux offers the most complete meal service?
5. Why is it important to consult the notes at the bottom of the schedule?

B. **Des renseignements.** Consultez l'horaire pour répondre aux questions de vos amis.

MODÈLE: Je veux arriver à Redon à 7h45. Quel train faut-il prendre de Quimper?
Il faut prendre le train de 5h46.

1. Je veux arriver à Nantes pour le dîner. J'ai rendez-vous à 7h du soir. Quel train faut-il prendre de Redon?
2. Je vais à Bordeaux, mais je dois déjeuner à Nantes avant de partir. Quel train est-ce que je peux prendre?
3. Je veux quitter Vannes à 8h30, à destination Rochefort. Combien d'arrêts *(stops)* est-ce qu'il y a entre Vannes et Rochefort?
4. Je veux arriver à Nantes avant 10h du soir. Quels trains est-ce que je peux prendre de Quimper?

Note Culturelle

La SNCF divise l'année en trois périodes: **les jours bleus, les jours blancs** et **les jours rouges.** On encourage les voyageurs à choisir, de préférence, **les jours bleus;** il y a moins de voyageurs et les billets coûtent moins cher. Les prix sont plus élevés pendant **les jours blancs** (au début et à la fin du week-end) et surtout pendant **les jours rouges** (à l'époque des vacances et des fêtes).

REPRISE

C. **Tu es de...?** En attendant votre avion, vous avez l'occasion de parler avec des jeunes venant de plusieurs pays différents. Chaque fois que vous apprenez la destination de quelqu'un, vous devinez sa nationalité et cette personne vous indique le pays d'où elle est.

MODÈLE: Munich / allemand
— *Où est-ce que tu vas?*
— *À Munich.*
— *Tu vas à Munich? Tu es allemand(e)?*
— *Oui, je suis d'Allemagne.*

1. Londres / anglais
2. Tokyo / japonais
3. Dakar / sénégalais
4. Mexico / mexicain
5. Bruxelles / belge
6. Milan / italien

7. Moscou / russe
8. Montréal / canadien
9. Beijing / chinois
10. Nashville / américain
11. le Caire / égyptien
12. Jérusalem / israélien

D. **Nous pouvons tout faire!** *(We can do everything!)* Trois amis parisiens ont huit jours de vacances. Jouez le rôle d'un(e) des amis et essayez de vous mettre d'accord avec les deux autres pour organiser un voyage où vous visitez les villes qui vous intéressent. Utilisez chaque fois que c'est possible le pronom **y** pour remplacer le nom d'une ville. Vous pouvez consulter la carte de la région Grenoble-Genève.

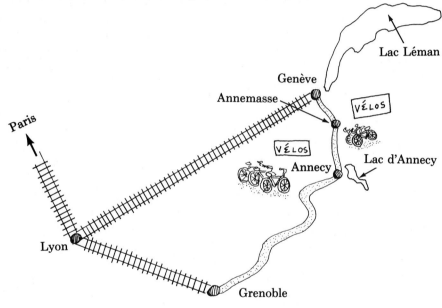

Les amis: François (Françoise)—veut aller à Genève, n'a pas de vélo
Jean (Jeanne)—veut aller à Grenoble, a un vélo tout neuf
Denis (Denise)—veut aller à Annecy, a un vieux vélo

Quelques questions à poser: Quel jour est-ce qu'on part?
On prend le train jusqu'où?
On emporte des vélos ou on loue des vélos?
Qui veut aller à . . . ?
Où est-ce qu'on va d'abord?
Où est-ce qu'on couche la première nuit?
Combien de nuits est-ce qu'on passe à . . . ?
Quand est-ce qu'on rentre à Paris?

STRUCTURE

L'emploi du subjonctif pour exprimer le doute et l'incertitude

Je doute qu'elle puisse venir.

Oui, mais **il est possible que
tu aies** tort.

I doubt (that) she can come.

Yes, but *it's possible (that)
you may be* wrong.

As you learned in **Chapter 1**, the subjunctive may be used to express necessity. The French also use the subjunctive to express uncertainty or doubt about whether things are true or in fact will occur. The following expressions of possibility, impossibility, uncertainty, and doubt are usually followed by the subjunctive:

douter que　　　　　　　　　　**il est possible que**

il est impossible que　　　　　**il n'est pas possible que**

il est peu probable que　　　　**ne pas penser que**

Application ●

E. **Je suis un peu sceptique.** Vous êtes de nature pessimiste. Utilisez les expressions données entre parenthèses et le subjonctif pour exprimer vos doutes et vos incertitudes à l'égard des activités de vos amis.

MODÈLE:　Michel est sincère. (je ne pense pas)
　　　　　　Je ne pense pas qu'il soit sincère.

1. René comprend très bien les devoirs. (il n'est pas possible)
2. Éric va à la bibliothèque tous les soirs. (je doute)
3. Jean-Claude peut se coucher à 1h du matin s'il veut. (je ne pense pas)
4. Christiane sait faire de la planche à voile. (il est impossible)
5. Henri est plus intelligent que sa sœur. (il est peu probable)
6. Micheline réussit aux examens sans étudier. (il est impossible)

NOTE GRAMMATICALE

Les expressions de doute et d'incertitude

When expressions of doubt and uncertainty are used to refer to a sentence or an idea already mentioned, they may be used without **que**. In these cases, **il** becomes **ce** and the verb **douter** is preceded by the pronoun **en**.

Paul vient? Non, **je ne pense pas.**
Le train va être à l'heure? **C'est possible.**
Marie va se marier? Non, **ce n'est pas possible.**
Les parents de Georges vont lui acheter une voiture? **J'en doute.**

F. **Comment?** Vous parlez avec vos amis de leurs activités et de leurs possessions. Quelqu'un pose une question; une personne y répond en utilisant l'expression suggérée. Une deuxième personne n'entend pas; la première personne se répète en utilisant cette fois le subjonctif.

MODÈLES: Anne-Marie n'est pas là. Elle est malade? (c'est possible)
ÉLÈVE 1:   *C'est possible.*
ÉLÈVE 2:   *Comment?*
ÉLÈVE 1:   *Il est possible qu'elle soit malade.*

Georges va téléphoner à Caroline? (je ne pense pas)
ÉLÈVE 1:   *Je ne pense pas.*
ÉLÈVE 2:   *Comment?*
ÉLÈVE 1:   *Je ne pense pas que Georges téléphone à Caroline.*

1. Chantal va à la soirée avec Henri? (ce n'est pas possible)
2. Jean-Michel sort avec la cousine de Raoul? (c'est impossible)
3. Marcelle va inviter ses parents? (c'est peu probable)
4. Philippe a une Jaguar? (j'en doute)
5. Éric va demander à Janine d'aller au cinéma? (c'est possible)
6. Nous pouvons nous retrouver chez Yvonne après le film? (je ne pense pas)

G. **C'est possible? Ce n'est pas possible?** Préparez une série de phrases au sujet de votre vie, de vos activités, de vos projets, etc. Quelques-unes des phrases peuvent être vraies; d'autres peuvent être des exagérations. Vos camarades de classe vont donner leur réaction à vos phrases en utilisant les expressions **il est possible que, il n'est pas possible que, je doute que,** etc.

MODÈLES: — J'ai deux chiens et un chat.
              — *Il est possible que tu aies deux chiens et un chat.*

              — Je vais me marier à l'âge de 15 ans.
              — *Il n'est pas possible que tu te maries à l'âge de 15 ans.*
      ou: *Je doute que tu te maries à l'âge de 15 ans.*

Au guichet

Écoutez la bande que votre professeur va jouer pour vous. En particulier, faites attention aux expressions utilisées pour faire une réservation.

Henri va à la Gare Montparnasse pour acheter des billets de train et pour réserver des places.

ON S'EXPRIME

Voici des expressions pour faire une réservation:

Je voudrais réserver trois places pour Lille.
J'ai besoin de deux places, première classe, non-fumeur.
Est-il possible d'avoir une place dans le train de 14h35?

À vous!

H. **Au guichet.** Achetez des billets de train en employant les renseignements donnés. Un(e) de vos camarades va jouer le rôle de l'employé(e).

MODÈLE: 4 / Genève / aller-retour / 2e
     ÉLÈVE 1: *Je voudrais (J'ai besoin de) quatre billets pour Genève.*
     ÉLÈVE 2: *Aller-simple ou aller-retour?*
     ÉLÈVE 1: *Aller-retour.*
     ÉLÈVE 2: *Première ou deuxième classe?*
     ÉLÈVE 1: *Deuxième, s'il vous plaît.*

1. 1 / Rouen / simple / 1ère   3. 2 / Bordeaux / aller-retour / 2e
2. 3 / Lille / aller-retour / 2e   4. 4 / Cannes / simple / 2e

I. **Réservons nos places!** Vous avez déjà vos billets et maintenant vous voulez réserver vos places. Faites des réservations en utilisant les renseignements donnés. Un(e) de vos camarades va jouer le rôle de l'employé(e).

MODÈLE: 3 / départ (18 sept., 13h25) / non-fumeur / retour (30 sept., 9h)

    ÉLÈVE 1: *Je voudrais réserver trois places, s'il vous plaît.*
    ÉLÈVE 2: *Quand est-ce que vous voulez partir?*
    ÉLÈVE 1: *Le 18 septembre. Est-il possible d'avoir des places dans le train de 13h25?*
    ÉLÈVE 2: *Oui. Fumeur ou non-fumeur?*
    ÉLÈVE 1: *Non-fumeur.*
    ÉLÈVE 2: *Et pour le retour?*
    ÉLÈVE 1: *Retour le 30 septembre, le train de 9h, si c'est possible.*

1. 2 / départ (28 août, 8h45) / non-fumeur / retour (4 sept., 10h15)
2. 4 / départ (12 juin, 11h25) / non-fumeur / retour (19 juin, 15h30)
3. 1 / départ (3 juillet, 22h) / fumeur / retour (31 juillet, 21h00)
4. 3 / départ (25 mai, 12h05) / non-fumeur / retour (10 juin, 18h30)

DÉBROUILLONS-NOUS!

Exercices oraux

J. **Est-il possible?** Demandez à un(e) camarade si les renseignements suivants au sujet des trains français sont exacts ou non. Votre camarade va donner son opinion en utilisant des expressions comme **il est possible, je ne pense pas,** etc.

MODÈLE: On peut manger un dîner complet à sa place dans le TGV.
    — *Est-il possible qu'on puisse manger un dîner complet à sa place dans le TGV?*
    — *Oui, c'est possible.* ou: *Non, j'en doute.*

1. Les enfants de moins de quatre ans peuvent voyager dans le train sans payer.
2. Dans certains trains, votre voiture peut vous accompagner.
3. Les billets de train sont plus chers que les billets d'avion.
4. Il y a un train qui va de Paris à Rome sans s'arrêter.

5. Dans certains trains, on peut regarder une pièce de théâtre ou écouter un concert ou regarder un film.

6. L'employé au guichet de la gare sait parler deux ou trois langues.

K. **Faisons nos réservations!** Imagine that you and several members of your family wish to take the train from Paris to the city of your choice— Bordeaux, Brest, Lille, Marseille, or Grenoble. Go to the appropriate Paris train station. Buy tickets and make reservations for the trip.

Exercice écrit

L. **Vous laissez un mot.** Write a note to your French family in Bordeaux (or Brest, Lille, etc.) giving the important information about the tickets you bought in Exercise K. Tell them the price, your time of departure and time of arrival, etc.).

Deuxième étape

Point de départ:

Comment bien voyager

■■■■■■■■■■■■■■■■■■■■■■■■■■■■■■■■

tarifs: fares
assis: seated
repérer: to locate
quai: platform
composter: to validate

The SNCF publishes a **Guide pratique du voyageur** with hints about traveling by train in France. Here is a general outline of what to do.

Comment bien voyager

1. VOUS AVEZ DÉCIDÉ DE PRENDRE LE TRAIN. VOUS CHOISISSEZ VOTRE HORAIRE EN PÉRIODE BLEUE OU BLANCHE. VOUS VOYAGEREZ PLUS CONFORTABLEMENT...

2. ...ET VOUS DISPOSEREZ DE TARIFS RÉDUITS PLUS NOMBREUX.

3. VOUS ACHETEZ VOTRE BILLET. N'OUBLIEZ PAS DE PRENDRE UNE RÉSERVATION. VOUS SEREZ AINSI SÛR D'ÊTRE ASSIS.

4. LE JOUR DE VOTRE DÉPART, ARRIVEZ QUELQUES MINUTES EN AVANCE POUR PRENDRE TRANQUILLEMENT VOTRE TRAIN.

5. DANS LA GARE, DIRIGEZ-VOUS VERS LE TABLEAU GÉNÉRAL DES TRAINS AU DÉPART POUR REPÉRER LE NUMÉRO DE VOTRE QUAI.

6. N'OUBLIEZ PAS DE COMPOSTER VOTRE BILLET AVANT D'ACCÉDER AU QUAI. C'EST CE QUI REND VOTRE BILLET VALABLE.

7. REPÉREZ LE NUMÉRO DE VOTRE VOITURE (INDIQUÉ SUR LA RÉSERVATION) SUR LE TABLEAU DE COMPOSITION DES TRAINS OU À L'EXTÉRIEUR DE LA VOITURE.

8. VOTRE PLACE EST INDIQUÉE À L'INTÉRIEUR DES COMPARTIMENTS SUR LES VOLANTS MARQUE-PLACE. LE VOYAGE COMMENCE.

À vous!

A. **Nicole a pris le train.** Voici ce que Nicole Matignon a fait pour se préparer à voyager par le train. Utilisez les suggestions proposées par le

Guide pratique du voyageur pour rétablir l'ordre chronologique des activités de Nicole.

   a. Elle a regardé le tableau général des trains et elle a vu que son train allait partir de la voie G.
   b. Elle a pris une réservation pour le 12 avril, en période bleue.
   c. Elle a trouvé sa place dans le compartiment 17.
   d. Elle a consulté un horaire.
   e. Elle a composté son billet.
   f. Elle est montée dans le train.
   g. Elle a pris un taxi pour arriver à la gare une demi-heure avant le départ de son train.
   h. Elle a acheté son billet.
   i. Quand le train est entré en gare, elle a cherché la voiture n° 17.

B. **Prenons les billets!** Jouez le rôle des personnes mentionnées ci-dessous. Allez à la gare, achetez les billets et faites les réservations. Votre camarade, qui joue le rôle de l'employé(e), peut consulter l'horaire des trains pour vous aider.

   1. **Françoise:** Paris-Genève
      départ: 10 novembre, retour: 17 novembre (avant 6h du soir)
      voyage avec deux enfants (13 ans, 10 ans) et sa mère
      veut dépenser le moins d'argent possible
   2. **M. Legentil:** Paris–Genève
      départ: 16 mars (arrivée pour l'heure du déjeuner, retour: 16 mars (fin de l'après-midi)
      voyage seul, veut voyager aussi confortablement que possible

PARIS → GENÈVE

N° du TGV		EC 921	EC 923	EC 925	EC 927	EC 929
Restauration		▢	▢		▢	▢ 🔲
Paris-Gare de Lyon	D	7.35	10.36	14.32	17.42	19.13
Mâcon TGV	A	9.15		16.13		
Bourg-en-Bresse	A			16.33		21.11
Culoz	A			17.21		
Bellegarde	A	10.37	13.34	17.46	20.43	22.18
Genève	A	11.08	14.05	18.16	21.13	22.46

GENÈVE → PARIS

N° du TGV		EC 920	EC 922	EC 924	EC 926	EC 928
Restauration		▢	▢	▢	▢	▢
Genève	D	7.09	10.04	13.01	16.50	19.29
Bellegarde	D	7.35	10.31	13.28	17.17	19.56
Culoz	D					20.23
Bourg-en-Bresse	D				18.26	
Mâcon TGV	D			14.54	18.47	
Paris-Gare de Lyon	A	10.39	13.36	16.38	20.31	23.09

C. **Mais qu'est-ce que vous allez faire pendant les vacances?** Sophie refuse de dire ce qu'elle va faire pendant les vacances avec sa famille. Ses amis essaient de deviner *(guess),* mais sans succès. Donnez les réponses de Sophie en utilisant les expressions **je doute, je ne pense pas, il est possible, il n'est pas possible, il est impossible, il est peu probable.**

MODÈLE: Vous avez l'intention d'aller en Afrique.
Je ne pense pas que nous allions en Afrique. ou:
Il n'est pas possible que nous allions en Afrique.

1. Vous allez visiter les États-Unis.
2. Vous espérez faire un voyage en Chine.
3. Vous allez quitter la France.
4. Vous avez l'intention d'aller au bord de la mer.
5. Vous voulez passer les vacances chez les grands-parents.
6. Vous allez louer un châlet dans les montagnes.
7. Un moment! Vous allez prendre des vacances, n'est-ce pas?

STRUCTURE

L'emploi de l'indicatif pour indiquer la certitude

On dit que Jacques et Hélène se sont mariés à Bruxelles.	They say that Jacques and Hélène got married in Brussels.
Oh, je ne sais pas. **Il est vrai que Jacques est allé** en Belgique. Et **il est probable qu'Hélène l'a accompagné.** Mais **je suis sûre qu'elle veut** se marier en France.	Oh, I don't know. *It is true that Jacques went* to Belgium. And *it is likely that Hélène went* with him. But *I'm sure that she wants* to be married in France.

As you have already learned, the subjunctive is used to express uncertainty or doubt. On the other hand, to suggest certainty or a strong probability that something is true, the indicative is used. The following expressions of certainty or probability are followed by the indicative:

être certain(e) que   il est probable que
être sûr(e) que   il est sûr que
il est certain que   il est vrai que
il est clair que   penser que
il est évident que

Just like expressions of uncertainty and doubt, expressions of probability and certainty, when used to refer to a whole sentence or to a previously mentioned idea, can be used without **que.** In these cases, **il** becomes **ce,** and the expressions **être certain** and **être sûr** are preceded by **en.** With the verb **penser,** you say either **je pense** or **je pense que oui.**

> — Paule vient?
> — **Oui, je pense. (Je pense que oui.)**

> — Le train va être à l'heure?
> — **C'est probable.**

> — Jean-Jacques a gagné de l'argent à la loterie?
> — **C'est vrai.**

> — Il va partir?
> — **J'en suis sûr(e).**

Application ■■■■■■■■■■■■■■■■■■■■■■■■■■■■

D. **Comment?** Vous parlez à nouveau avec vos amis de leurs activités et de leurs possessions. Quelqu'un pose une question; une personne donne une réponse affirmative en utilisant l'expression suggérée. Une deuxième personne n'entend pas; la première personne se répète en utilisant cette fois un verbe à l'indicatif.

MODÈLES: Anne-Marie n'est pas là. Elle est malade. (c'est probable)
ÉLÈVE 1:   *C'est probable.*
ÉLÈVE 2:   *Comment?*
ÉLÈVE 1:   *Il est probable qu'elle est malade.*

Georges va téléphoner à Caroline? (j'en suis sûr[e])
ÉLÈVE 1:   *J'en suis sûr(e).*
ÉLÈVE 2:   *Comment?*
ÉLÈVE 1:   *Je suis sûr(e) que Georges va lui téléphoner.*

1. Chantal va à la soirée avec Henri? (je pense que oui)
2. Jean-Michel veut sortir avec la cousine de Raoul? (c'est évident)
3. Marcelle a invité ses parents? (c'est vrai)
4. Philippe a une Jaguar? (j'en suis certain[e])

5. Éric va demander à Janine d'aller au cinéma? (c'est probable)
6. Nous pouvons nous retrouver chez Yvonne après le film? (j'en suis sûr[e])

E. **Opinions contradictoires.** Vos amis réagissent de façon très différente à ce que vous déclarez. Utilisez les expressions entre parenthèses en faisant attention à l'emploi de l'indicatif ou du subjonctif.

MODÈLE: Henri est très malade. (je pense / je ne pense pas)
— *Oui, je pense qu'il est très malade.*
— *Mais non, je ne pense pas qu'il soit (très) malade.*

1. Les garçons vont faire la vaisselle. (je suis sûr[e] / je doute)
2. Nous allons être en retard. (il est possible / il est probable)
3. Anne-Marie sait la vérité. (il est évident / il est peu probable)
4. Éric comprend très bien. (je suis certain[e] / je ne pense pas)
5. Nous pouvons le faire. (je pense / je doute)
6. Marcelle va inviter beaucoup de gens. (il est possible / il est impossible)
7. Philippe a 21 ans. (il est vrai / il n'est pas possible)
8. Le train part de la Gare d'Austerlitz. (je suis sûr[e] / je ne pense pas)

F. **À mon avis...** *(In my opinion . . .)* Voici une série d'idées. Donnez votre opinion en employant une expression de certitude ou d'incertitude, de possibilité ou de probabilité. Ensuite, un(e) de vos camarades de classe va indiquer s'il (si elle) partage *(shares)* votre opinion.

MODÈLE: La guerre est inévitable.
— *Moi, je pense que la guerre est inévitable.*
— *Je suis d'accord avec toi. Il est évident que la guerre est inévitable.*
ou: — *Non, je ne suis pas d'accord avec vous deux. Il n'est pas vrai (je ne pense pas) que la guerre soit inévitable.*

1. L'inflation est un grand problème économique.
2. Les émissions télévisées sont rarement de bonne qualité.
3. La communication entre parents et enfants est toujours difficile.
4. Le français est une langue assez facile à apprendre.
5. Les Américains sont généralement en bonne santé.
6. On peut réussir si on travaille beaucoup.
7. Le président _____ est un bon président.
8. Le meilleur acteur de cinéma est _____.
9. La meilleure actrice de cinéma est _____.

Le départ

Écoutez la bande que votre professeur va jouer pour vous. En particulier, faites attention aux expressions utilisées pour se renseigner à la gare.

C'est le jour du départ pour les vacances. Mireille, Jeanne et Henri arrivent à la gare Montparnasse pour prendre le train pour Rennes.

ON S'EXPRIME

Voici des expressions pour vous renseigner à la gare:

À quelle heure part le prochain *(next)* **train pour Bourges?**
Le train a-t-il du retard? Est-il à l'heure?
De quelle voie part le train pour Nantes?
Où est la voie B? C'est de ce côté-ci? C'est de l'autre côté?
Est-ce qu'il faut composter *(validate)* **son billet?**
Où est la voiture numéro 15?

À vous!

G. **Le tableau des trains.** Il est 14h38 et vous venez d'arriver à la gare d'Austerlitz. Répondez aux questions en consultant le tableau des trains.

1. A quelle heure part le prochain train pour Montereau?
2. De quelle voie part ce train?
3. Vous allez à Lyon. Combien de temps allez-vous attendre avant le départ de votre train?
4. Quel est le nom de la principale gare de Marseille?
5. Le train qui part à 6h17 de l'après-midi, va-t-il directement à Lyon?
6. Il y a un train qui va en Italie. A quelle heure part-il?

H. **Dis-moi...** Vous voyagez avec un(e) ami(e) qui a tout arrangé. Vous arrivez à la gare et lui posez des questions. Il (elle) vous répond d'après les renseignements suggérés. Vous voulez savoir:

a. à quelle heure part votre train
b. de quelle voie il part
c. le numéro de la voiture
d. si vous avez beaucoup de temps ou s'il faut vous dépêcher

MODÈLE: 13h27 / B / 11 / 13h (13h25)

VOUS:	*À quelle heure part notre train?*
VOTRE AMI(E):	*(Il part) à 13h27.*
VOUS:	*De quelle voie part-il?*
VOTRE AMI(E):	*(Il part) de la voie B.*
VOUS:	*Quel est le numéro de notre voiture?*
VOTRE AMI(E):	*C'est la 11.*
VOUS:	*Nous avons beaucoup de temps, non?*
VOTRE AMI(E):	*Oh, oui. Il est seulement 13h.* ou:
	Mais non. Il est déjà 13h25.
	Dépêchons-nous!

1. 9h44 / F / 18 / 9h25   3. 15h51 / 3 / 12 / 15h50
2. 11h40 / 1 / 14 / 11h37   4. 18h21 / C / 16 / 18h05

DÉBROUILLONS-NOUS!

Exercices oraux

I. **Tu es sûr(e)?** You and a classmate are going on a train trip. When you get to the station, verify as much as you can about the trip (time of departure, track, car where your reserved seats are, time before departure, whether the train is on time or not). Each time you get an answer, ask your friend if he/she is absolutely certain.

J. **On dit que...** You and other members of your group are talking about your teacher, your French class, other students, etc., in a humorous (but not mean) way. Each time someone makes a statement, other people react, using expressions such as **c'est possible, c'est probable, c'est vrai, j'en doute, j'en suis sûr(e),** etc.

Exercice écrit

K. **Un départ difficile.** Write a paragraph describing what happened when you took the train for the first time in France. Follow the suggestions below.

1. Tell where you wanted to go.
2. Tell at what time and from what station your train was scheduled **(devait)** to leave.
3. Tell how you got to the train station.
4. Tell at what time you got to the train station.
5. Explain that in France it is necessary to validate your ticket.
6. Tell how you went to the wrong platform **(se tromper de quai).**
7. Explain that you finally got on the train.
8. Say that you arrived at your destination right on time.

Lexique

On s'exprime

Pour acheter un billet de train

un aller-simple
un aller-retour
les jours bleus (blancs, rouges)

Pour faire une réservation

Est-il possible d'avoir une place . . . ?
fumeur / non-fumeur
première classe / deuxième classe
J'ai besoin d'une place . . .
Je voudrais réserver une place . . . ?

Pour se renseigner à la gare

À quelle heure part le train pour...?
              arrive le train de...?
De quelle voie part le train pour...?
Le train pour (de)... a-t-il du retard?
              est-il à l'heure?
Où est la voiture numéro...?
Où se trouve la voie...? De ce côté-ci? De l'autre côté?

Pour exprimer le doute et l'incertitude

douter (que)
il est impossible (que)
il est peu probable (que)
il est possible (que)
il n'est pas possible (que)
ne pas penser (que)

Pour exprimer la probabilité et la certitude

être certain(e)
être sûr(e)
il est certain
il est clair
il est évident
il est probable
il est sûr
il est vrai
penser

Thèmes et contextes

La gare

composter un billet
le contrôleur
un coup de sifflet
le quai
le tableau général des trains
trouver sa place (sa voiture)
la voie

Les trains

un arrêt
le calendrier des trains
un Corail
l'horaire *(m.)* des trains
un omnibus
le TGV

Vocabulaire général

Autre expression

Nous y sommes!

INTÉGRATION CULTURELLE

LES VOYAGEURS

Un voyageur: une personne qui voyage, qui veut voir de nouveaux pays. Les voyageurs modernes se déplacent en train, en avion ou en voiture. Mais les premiers grands voyageurs, les explorateurs qui partaient à la découverte du Nouveau Monde, eux, voyageaient en bateau.

INTÉGRATION

A. **Les explorateurs.** Lisez les mini-portraits de quelques voyageurs français de l'époque des grandes découvertes, puis associez-les aux routes tracées sur la carte.

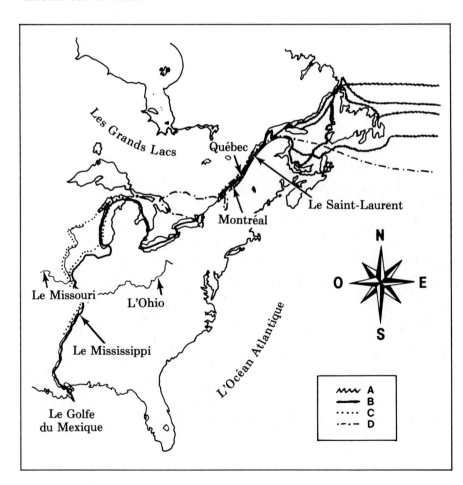

1. En 1534, Jacques Cartier découvre l'embouchure du Saint-Laurent. Il remonte le fleuve jusqu'à l'emplacement actuel de la ville de Montréal. Il apprend des Indiens le mot «Canada» (qui veut dire *village*).
2. Le père jésuite Jacques Marquette découvre en 1673, avec Joliet, le Mississippi. Ils le descendent jusqu'au confluent du Missouri et de l'Ohio.
3. Le cavalier Robert de la Salle explore le continent américain, parcourant le Mississippi après sa découverte par Marquette et Joliet. En 1682, il descend jusqu'au Golfe du Mexique.
4. Samuel Champlain visite la Nouvelle-France (l'actuel Canada) pour la première fois en 1603. Cinq ans après, il y retourne pour fonder la ville de Québec. Il devient gouverneur de cette nouvelle colonie française.
5. Le trappeur Robert Joliet explore d'abord la région des Grands Lacs. En 1672, avec le père Marquette, il reconnaît le cours du Mississippi, appelé à cette époque le fleuve Colbert.

Les voyageurs modernes

B. Un voyageur moderne: Le commandant Jacques-Yves Cousteau.
Lisez cet article au sujet d'un des grands explorateurs modernes, Jacques Cousteau. Puis répondez aux questions.

LE COMMANDANT JACQUES-YVES

TOUT EST DU RÊVE... TOUT EST DU RÊVE

COUSTEAU

«Dans ma vie, tout est du rêve*...» C'est ce que dit le commandant Jacques-Yves Cousteau. Quel est donc son rêve quand il part une fois de plus, comme de décembre à mars dernier, sur son vieux bateau la *Calypso*? Quel est donc le rêve des trente hommes qui partent avec lui pour l'océan le moins connu du monde, l'Antarctique?

L'ARGENT

Est-ce un rêve de richesse? Non, Cousteau n'a jamais su gagner de l'argent. A son «Centre d'études marines» de Marseille, il manque même 10 millions de francs pour vivre : le Centre va fermer. Déjà, en 1965, avec les travaux pour fabriquer* la maison sous la mer, il perd plusieurs millions de francs : les ingénieurs du pétrole trouvent les « maisons sous la mer » plus belles qu'utiles. Heureusement, les deux films *Le Monde du Silence* puis *Le Monde sans Soleil* ont, après 1966, un grand succès aux Etats-Unis. Et la télévision américaine lui commande trente-six films sous-marins à faire en neuf ans, quatre par an; Cousteau garde la liberté entière de filmer ce qu'il veut, où il veut... dans l'Antarctique, par exemple.

L'AVENTURE

« Qu'est-ce que vous allez chercher là-bas ? » demande-t-on à Jacques-Yves Cousteau. Avec son célèbre sourire, il répond : « Si je le savais, je n'irais pas. » Sur la *Calypso*, tout le monde ressemble, pour cela, à Cousteau : ils cherchent l'aventure*. Alain Bourgarau, le commandant du bateau, quarante ans, quatre enfants; Jean-Marie France, le chef-mécanicien (« J'aime les sous-marins* mais pas l'armée. Ici, j'ai les uns et pas l'autre »); Jean Paoletti, dit

« Pao », le radio, un ancien pêcheur à Terre-Neuve (« A cinquante ans, j'ai le droit de faire ce qui me plaît, non ?») ; Joseph François, quarante et un ans, le médecin de la *Calypso* (installé dans la petite ville de Villeneuve-sur-Lot, il quitte tout pour suivre Cousteau) ; Jean Morgan, le cuisinier («Je n'ai cassé qu'un seul plat en quinze ans»), et Jacky, le mousse* (il a pourtant toujours le mal de mer). Ne sont-ils pas là, tous, parce qu'ils aiment l'aventure ?

LA SCIENCE ?

Il y a autre chose : le Pacha, comme ils disent, travaille pour la science. Il emporte à chaque fois de nouveaux appareils. Les appareils tiennent toujours la plus grande place dans le ventre de la *Calypso*. Ils sont tous nés des rêves du patron : celui-ci va permettre d'aller encore plus profondément sous l'eau, celui-là d'avancer plus loin sur l'eau, cet autre à mieux faire la course avec les poissons. Pour le voyage de l'Antarctique, il y avait sur la *Calypso* deux tonnes d'appareils en plus, des appareils de la N.A.S.A. qui permettent de donner tous les jours à un nouveau satellite* d'utiles renseignements sur ces eaux inconnues. Demain peut-être, ce satellite saura voir la moindre tache* d'huile ou de pétrole sur la mer, et reconnaître de quel navire elle vient ? Grâce à Cousteau, peut-être, les mers redeviendront-elles propres ? Ah ! si le rêve de Cousteau pouvait devenir une réalité* !

rêve: dream
fabriquer: to make (construct)
sous-marins: submarines
mousse: deck-boy

1. À l'époque où on a rédigé cet article, quel était le voyage le plus récent de Cousteau?
2. Donnez quelques exemples des difficultés financières de Cousteau.
3. Comment peut-il payer ses voyages?
4. Qu'est-ce qui indique que les membres de son équipage aiment aussi l'aventure?

C. **D'où vient cette voiture?** En Europe, les voitures portent souvent une petite plaque *(sign)* qui indique le pays d'origine. Certains pays sont faciles à identifier; d'autres sont plus difficiles. En regardant les plaques données ci-dessous, répondez aux questions de votre camarade de classe.

MODÈLE: — *D'où vient cette voiture?*
　　　　　 — *Elle est de France, je pense.*

1.　　　　　2.　　　　　3.

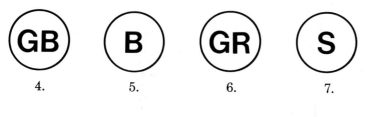

4.　　　　　5.　　　　　6.　　　　　7.

8.　　　　　9.　　　　　10.

161

Chapitre six

En voiture ou en avion?

1.

2.

Associez chaque description à une des photos.

a. Les Français aiment beaucoup la course d'automobile. Les Vingt-Quatre Heures du Mans sont une des plus célèbres courses automobiles.

b. Sur un monoplan qu'il a construit lui-même, Louis Blériot a effectué, en 1909, la première traversée de la Manche en aéroplane.

c. Construit en coopération par la France et la Grande-Bretagne, l'avion de transport long-courrier supersonique Concorde peut faire le voyage Paris–New York en trois heures et demie.

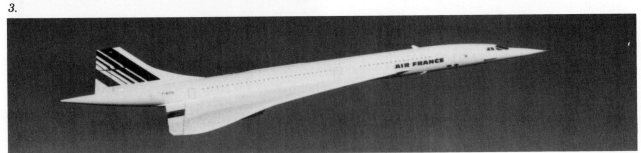

3.

Première étape

Point de départ:

La carte routière

■ ■

La société Michelin, qui fabrique des pneus, publie une série de cartes détaillées de chaque région de la France. Avec l'aide de la légende, étudiez le fragment de la carte qui représente le triangle Nîmes-Arles-Avignon (dans le sud de la France).

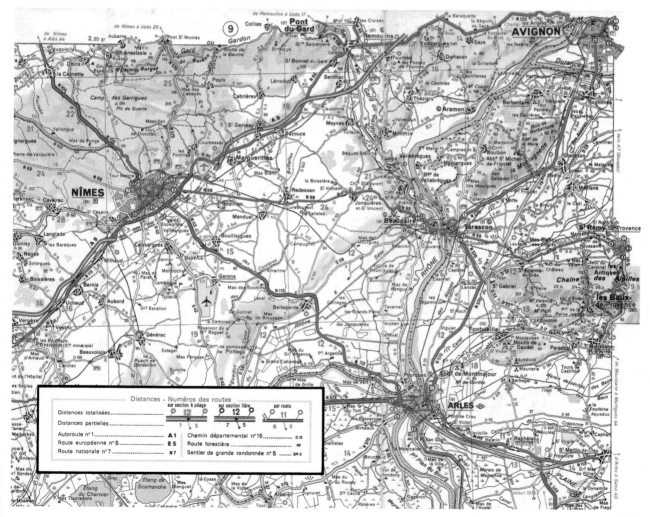

Note Culturelle

La France possède le réseau routier *(road system)* le plus dense du monde. En particulier, plus de 700 000 km de chemins ruraux donnent accès à un nombre impressionnant de petits villages et de régions agricoles. Pourtant, ce n'est qu'à partir de 1958 que la France a commencé à faire construire des autoroutes qui facilitent les déplacements sur de grandes distances. Il y a actuellement environ 5 000 km d'**autoroutes à péage** *(four-lane, divided tollways)* dans le pays. On y trouve des **aires de repos** *(rest stops)* et des stations-service tous les 10 à 15 km. La vitesse y est limitée à 130 km (80 *miles*) à l'heure.

Puisque les autoroutes ne représentent qu'un pourcentage assez petit du réseau routier, on voyage la plupart du temps sur des **routes nationales** (dont un grand nombre sont à quatre voies [*four lanes*]) et sur des **routes départementales**. La vitesse maximale sur une route à quatre voies (non-autoroute) est de 110 km (70 *miles*) à l'heure. Sur les autres routes la vitesse maximale est de 90 km (55 *miles*) à l'heure. Les Français ont tendance à conduire assez vite. Dans le but de réduire le nombre de fatalités dues aux accidents de la route, on a rendu obligatoire l'emploi d'une ceinture de sécurité aux sièges avant *(front seats)*. En plus, les enfants âgés de moins de dix ans doivent voyager dans les sièges arrière.

À vous! ■■■■■■■■■■■■■■■■■■■■■■■■■■■■■■■■■■

A. **Regardons la carte!** You are traveling with your family in southern France. You have picked up a rental car in **Nîmes** and are heading northeast on route A9 in the direction of **Avignon**. Because you speak and read French, you are the navigator. Answer your family's questions on the basis of the map in the **Point de départ**.

1. You are near the **Nîmes** interchange on A9. Your father asks, "How far is it to **Avignon** on the **autoroute**?"
2. Your mother says, "I'd like to go to **Arles**. How far is it from here? How would we go?"
3. Your sister says, "We studied Roman ruins in school. I'd like to see the old aqueduct called the **Pont du Gard**. Is that anywhere around here? How could we get there?"
4. Your grandmother, who is reading a guidebook of the region, adds, "It says here that there is a wonderful medieval city, built on top of a pile of rocks, and it's not too far from **Arles**. Can we get to **Les Baux** from here?"

5. You remember reading in **On y va! (Premier niveau)** about the festival at **Tarascon.** Tell your family where Tarascon is located in relation to Arles and Nîmes.
6. Finally, your mother says, "Whatever we do, we have to be at **Avignon** tonight in time for dinner. Which is the shorter way to get to Avignon from here—via Nîmes or via Arles?"

B. **La signalisation routière.** Some of the signs you see along French roads look like American road signs; others are quite different. Try to find the signs that have the following meanings.

sens interdit	travaux	interdiction de dépasser	stationnement interdit	limitation de vitesse	interdiction de tourner à gauche
a.	*b.*	*c.*	*d.*	*e.*	*f.*

1. Construction zone   3. No parking   5. Wrong way; do not enter
2. Speed limit   4. No left turn   6. No passing

C. **Nous avons pris le train pour aller à Grenoble.** Vous racontez à un(e) ami(e) votre voyage à Grenoble. En vous inspirant des dessins à la page suivante, décrivez votre départ de la Gare de Lyon.

MODÈLE:

Nous sommes partis de la Gare de Lyon.

1. 2. 3. 4.

5. 6. 7.

D. **Qu'est-ce que vous en pensez?** *(What do you think about it?)* Donnez votre réaction aux déclarations suivantes en utilisant une expression telle que **je(ne) pense (pas) que, il est (im)possible que, je doute que, il est (peu) probable que, je suis sûr (certain) que, il est vrai (évident) que,** etc.

1. L'état du Texas est plus grand que la France.
2. Le professeur a vingt-cinq ans.
3. En l'an 2000 une femme va être présidente des États-Unis.
4. Nous pouvons envoyer un astronaute sur la planète Mars.
5. En général, les garçons sont sportifs et les filles sont intellectuelles.
6. Un jour nous allons savoir guérir *(cure)* les personnes qui ont le cancer.
7. Les jeunes Américains sont trop matérialistes.
8. Il y a trop de violence à la télévision américaine.

STRUCTURE

Les pronoms interrogatifs (personnes)

—**Qui** a téléphoné?
—Georges et Marianne.

—*Who* called?
—Georges and Marianne.

—**Qui** cherchez-vous?
—Nous cherchons M. Rance.

—*Whom* are you looking for?
—We're looking for Mr. Rance.

—**À qui** parlais-tu?

—À Jean-Jacques.

—*To whom* were you talking?
 (Whom were you talking *to?)*
—(To) Jean-Jacques.

To ask a question about the identity of a person, French uses a form of the pronoun **qui.** The exact form of **qui** depends on how it is used in the sentence.

Question word = **subject of the sentence** (that is, the question word is followed by a verb without a specified subject):

> **Qui** est à la porte?

Question word = **object of the sentence** (that is, the question word is followed by both a subject and a verb):

> **Qui** cherche-t-elle? *(inversion)*
> **Qui est-ce qu**'elle cherche?

Question word = **object of a preposition** (that is, the question word is followed by a subject and a verb that requires a preposition. Note that the preposition is placed before the question word.):

> **À qui** a-t-elle téléphoné? *(inversion)*
> **À qui est-ce qu**'elle a téléphoné?

Application ■

E. **À la gare.** Voici des questions qu'on pourrait entendre à la gare. Complétez-les en utilisant les mots suggérés.

MODÈLE: Vous cherchez quelqu'un? (qui)
Qui cherchez-vous?

1. Vous cherchez quelqu'un? (qui est-ce que)
2. Quelqu'un va prendre le train de 12h15? (qui)
3. Vous voulez téléphoner à quelqu'un avant de partir? (à qui est-ce que)
4. Tu voyages avec quelqu'un? (avec qui)
5. Quelqu'un a fait les réservations? (qui)
6. Tu regardes quelqu'un? (qui est-ce que)
7. Ce monsieur regarde quelqu'un? (qui est-ce que)
8. Quelqu'un va composter les billets? (qui)
9. Tu vas donner ta place à quelqu'un? (à qui est-ce que)
10. Tu vas aider quelqu'un à monter dans le train. (qui est-ce que)

F. **Au Foyer International.** Votre classe visite la France pendant les vacances de Pâques. On vous héberge *(lodge)* dans une résidence pour étrangers *(foreigners)* à Paris. Voici des phrases ou des questions que vous entendez au Foyer. Utilisez les mots donnés pour faire continuer la conversation en posant une question. Employez une forme appropriée de **qui.**

MODÈLE: La porte de la salle de bains est fermée à clé. (être dans la salle de bains)
Qui est dans la salle de bains?

1. Je voudrais prendre une douche, mais il n'y a pas de savon. (prendre le savon)
2. Bonjour, Madame. Oui, c'est ici le Foyer International. (vous / chercher)
3. Allô. Allô. Ici le Foyer International. (vous / vouloir parler à)
4. Ah, Marilyn n'est pas là. (elle / sortir avec)
5. Nous allons passer huit jours dans le Midi. (nous / descendre *[stay]* chez)
6. Je n'ai pas d'argent! (je / pouvoir demander de l'argent à)
7. Tu as deux billets pour le concert? (tu / aller inviter)
8. Moi, j'ai deux billets pour le théâtre. (vouloir y aller avec moi)

G. **Pour te connaître un peu mieux.** Vous voulez connaître un peu mieux un(e) de vos camarades de classe. Vous lui posez des questions en utilisant les expressions suivantes et une forme appropriée de **qui.**

MODÈLES: faire la vaisselle
— *Qui fait la vaisselle chez toi?*
— *Ma mère fait (mes frères font, etc.) la vaisselle.*

admirer beaucoup
— *Qui est-ce que tu admires beaucoup?*
— *J'admire beaucoup mes parents (mon professeur, etc.).*

1. habiter avec
2. préparer les repas
3. faire la lessive
4. faire la vaisselle
5. aimer parler à
6. sortir le plus souvent avec
7. aimer le plus
8. aimer le moins
9. se disputer avec
10. s'amuser avec

Sur la route

Écoutez la bande que votre professeur va jouer pour vous. En particulier, faites attention aux expressions utilisées pour parler du temps qu'il fait pour faire quelque chose.

Martine Lambert part en vacances avec ses deux enfants—Christian, 14 ans, et Colette, 10 ans. Ils habitent à Bordeaux. Ils vont passer huit jours chez le frère de Martine à Lyon.

ON S'EXPRIME

Voici des expressions pour parler du temps qu'il faut pour faire quelque chose:
— **Il faut combien de temps pour faire cet exercice?**
— **Il faut (compter) une demi-heure.**

— **On met combien de temps à faire Paris-Lille (en voiture)?**
— **On met deux heures et demie à faire le voyage (en voiture).**

À vous!■■■■■■■■■■■■■■■■■■■■■■■■■■■■■■■

H. **Paris–Brest, c'est un long voyage?** Vous écoutez des jeunes Français qui parlent des vacances. Ils vont tous partir en voiture. Vous ne connaissez pas très bien la géographie de la France et vous voulez savoir si leur voyage va être long.

MODÈLE: Paris–Nantes (400 km / 4, 4½ heures)
— *Paris–Nantes, c'est un long voyage?*
— *Non, pas très long. Nantes est à 400 km de Paris.*
— *Combien de temps faut-il pour aller de Paris à Nantes en voiture?*

ou: — *Combien de temps est-ce qu'on met pour faire Paris–Nantes en voiture?*
— *Oh, il faut compter quatre heures, quatre heures et demie.*

ou: — *On met quatre heures, quatre heures et demie à faire le voyage en voiture.*

1. Paris–Marseille (780 km / 8 heures)
2. Paris–Strasbourg (460 km / 5 heures)
3. Lyon–Grenoble (310 km / 3½, 4 heures)
4. Nantes–Bordeaux (330 km / 4, 4½ heures)
5. Dunkerque–Montpellier (1100 km / 13 heures)
6. Marseille–Toulouse (410 km / 4½, 5 heures)

I. **Des voitures en panne.** Vous et votre famille française voyagez en voiture. Chaque fois que la voiture croise un automobiliste en difficultés, quelqu'un fait une remarque. Indiquez l'image qui correspond à ce qu'on dit.

a.   b.   c.   d.

1. Tiens! Regarde! Ils ont une panne d'essence. Ils n'ont pas fait le plein avant de partir.
2. Oh, là, là! Une panne de moteur. Ils ont besoin d'un mécanicien.
3. Regarde ce pauvre monsieur! Son pneu est crevé. Il faut qu'il change la roue.
4. Ces gens-là, ils ne sont pas tombés en panne. Ils se sont trompés de route!

DÉBROUILLONS-NOUS!

Exercice oral

J. **Tu veux y aller avec nous?** Invite a French exchange student visiting your school to go on a car trip with your family. A classmate will play the role of the exchange student and ask you questions about the distance, the time the trip takes, and the route. After hearing your answers, he/she will decide whether to accept your invitation.

Exercice écrit

K. **Une panne.** Write a postcard to a friend, describing a car trip that you took with your French family. During the trip, you had a car problem—a flat tire, a breakdown, or an empty gas tank. Begin and end your card appropriately.

Deuxième étape

Point de départ:

Roissy–Charles de Gaulle

■ ■

En général, les avions venant des États-Unis arrivent à l'aéroport Charles de Gaulle à Roissy, à 25 km au nord de Paris. Il y a plusieurs moyens de faire le trajet entre l'aéroport et la ville de Paris—l'autocar (**Bus Air France**), l'autobus (**Bus . . . RATP**), le train (**Roissy Rail**) et bien entendu le taxi. Lisez cette brochure qui offre des renseignements aux touristes.

navette: shuttle bus
porte: door, gate
trajet moyen: average trip
environ: about

LES LIAISONS PARIS-AÉROPORTS
PARIS ◄――――► AÉROPORT CHARLES DE GAULLE

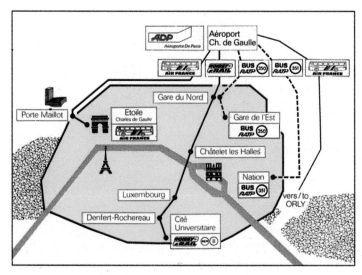

ROISSY RAIL de 5 h 25 à 23 h 25 Paris/CDG
de 5 h 10 à 23 h 45 CDG/Paris
Toutes les 15 mn
Départ de Paris vers CDG :
Toutes les stations de la ligne B du RER
Départ de CDG vers Paris :
CDG 2A porte A5
CDG 2B porte B6
CDG 1 porte 28 ou 30 niveau arrivée

Trajet moyen : 35 mn
35 F Gare du Nord en 1re classe
(navette comprise)
39,20 F métro, RER, toutes stations
(navette comprise)
23 F Gare du Nord en 2e classe
(navette comprise)
25,80 F métro, RER, toutes stations
(navette comprise)

BUS 350 RATP de 5 h 30 à 22 h 55 PARIS/CDG
de 5 h 59 à 23 h 51 CDG/PARIS
Toutes les 15/20 mn en semaine
(20 à 25 mn le dimanche)

Départ : Gare du Nord
Gare de l'Est

Départ : CDG 1 niveau boutiquaire
CDG 2A porte A5
CDG 2B porte B6

Trajet moyen : 50 mn – 28,20 F ou 6 tickets

BUS 351 RATP de 5 h 55 à 20 h 20 PARIS/CDG
de 6 h 10 à 21 h 10 CDG/PARIS
Toutes les 30 mn

Départ : Place de la Nation

Départ : CDG 1 niveau boutiquaire
CDG 2A porte A5
CDG 2B porte B6

Trajet moyen : 40 mn – 28,20 F ou 6 tickets

LES TRANSPORTS :

BUS AIR FRANCE de 5 h 45 à 23 h
Paris/CDG 2A/CDG 2B/CDG 1

de 6 h à 23 h CDG/Paris
Toutes les 12 mn

Départ de Paris vers CDG :
PLACE CHARLES-DE-GAULLE - ETOILE
(Avenue Carnot)
PORTE MAILLOT (près agence AF)

Départ de CDG vers Paris :
CDG 2A porte A5
CDG 2B porte B6
CGD 1 porte 36 niveau arrivée

Trajet moyen : 40 mn – 35 F

TAXI   Compter environ 135 F du centre de Paris
pour CDG 1 environ 150 F pour CDG 2
(tarif jour novembre 1987)

Note Culturelle

Comme les chemins de fer, les lignes aériennes françaises sont sous le contrôle du gouvernement. Les deux principales lignes aériennes sont **Air France** (compagnie internationale) et **Air Inter** (compagnie intérieure). Vous avez sans doute entendu parler d'Air France, mais Air Inter est moins connu aux États-Unis. C'est pourtant la vingtième compagnie mondiale pour le nombre de passagers transportés: plus de 10 millions. Elle dessert une soixantaine de villes en France et en Corse.

Il y a quatre aéroports à Paris—**Roissy–Charles de Gaulle, Orly–Ouest, Orly–Sud** et **Le Bourget.** Les avions en provenance des États-Unis et d'Europe arrivent en général à Charles de Gaulle. Les lignes intérieures utilisent Orly-Ouest tandis que les vols d'Afrique et d'Asie arrivent à Orly-Sud. Le Bourget est réservé aux avions des particuliers *(private planes)* et aux expositions.

À vous! ■■■■■■■■■■■■■■■■■■■■■■■■■■■■■■■■■■■■■

A. **En arrivant à Paris...** *(Upon arriving in Paris . . .)* Answer the following questions on the basis of the information provided in the brochure.

1. What is the most expensive way to go from the Charles de Gaulle Airport into the center of Paris?
2. What is the least expensive way?
3. What is the fastest way?
4. Which way will probably take the most time?
5. When you arrive in Paris, where do you go to get the airport bus? a city bus? the shuttle bus to take you to the train?
6. When you are ready to leave Paris and want to get to Charles de Gaulle Airport, where can you go to get the airport bus? a city bus? the train?
7. If you were arriving in Paris with your family, which means of transportation would you recommend? Why?

REPRISE

B. **Un voyage en voiture.** Élisabeth et Jean-Paul Mermet sont allés de Toulouse (dans le sud de la France) à Caen (en Normandie) en voiture. De retour à Toulouse, leurs amis leur posent des questions au sujet du voyage. Jouez le rôle d'Élisabeth ou de Jean-Paul et répondez aux questions d'après l'image.

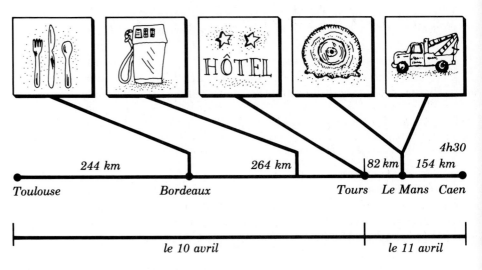

1. Quelle est la distance entre Toulouse et Caen?
2. Combien de jours est-ce que vous avez mis à faire le voyage?
3. Combien de kilomètres avez-vous faits le premier jour?
4. Combien de fois est-ce que vous vous êtes arrêtés le premier jour? Pourquoi?
5. Où est-ce que vous avez couché?
6. Et le second jour, vous êtes tombés en panne. C'est ça? Où?
7. Quel était le problème?
8. Votre père a changé la roue?
9. Alors, qui vous a dépanné?
10. À quelle heure est-ce que vous êtes enfin arrivés à Caen?

C. **Qui a téléphoné?** Pendant que vous étiez en ville, une amie a téléphoné. Votre père (mère) lui a parlé et veut vous donner son message, mais vos petits frères font beaucoup de bruit et vous avez de la difficulté à entendre. Faites répéter votre père (votre mère) en utilisant une forme convenable de **qui.** Un(e) camarade de classe va jouer le rôle de votre père (mère).

MODÈLE: VOTRE PÈRE (MÈRE):   Juliette a téléphoné.
                          VOUS: *Qui a téléphoné?*
              VOTRE PÈRE (MÈRE):   *Juliette.*

1. Elle a rencontré Jean-Jacques ce matin.
2. Son cousin Georges va venir la semaine prochaine.
3. Il veut aller au théâtre avec toi et Juliette.
4. Il a envie de voir aussi ton amie Martine.
5. Il faut que tu téléphones d'abord à Martine et ensuite à Juliette.
6. Georges et Jean-Jacques ont des billets pour un concert.
7. Ils vous invitent, toi et Juliette.
8. Ils n'ont pas de billet pour Martine.

STRUCTURE

Les pronoms interrogatifs (choses)

— **Qu'est-ce qui** se passe?	— *What* is going on?
— Éric et Marie se plaignent.	— Éric and Marie are complaining.
— **Que** veut-il?	— *What* does he want?
— Il veut sortir ce soir.	— He wants to go out tonight.
— **De quoi** a-t-elle besoin?	— *What* does she need?
— Elle a besoin d'une voiture.	— She needs a car.

To ask a question whose answer identifies a thing, you may use three possible pronouns in French—**qu'est-ce qui? que?** and **quoi?** All three are equivalent to the English word *what*.[3] The exact form of the pronoun depends on how the word is used in the sentence.

Question word = subject (that is, the question word is followed by a verb without a specified subject):

> **Qu'est-ce qui** fait ce bruit? *(What is making that noise?)*

Question word = object (that is, the question word is followed by a subject and a verb):

> **Que** cherche-t-il? *(inversion)*
> **Qu'est-ce que** Mme Rainier a trouvé?

Question word = object of a preposition (that is, the question word is followed by a subject and a verb that requires a preposition. The preposition is placed before the question word):

> **À quoi** s'intéresse-t-elle? *(inversion)*
> **De quoi** est-ce que tes amis ont besoin?

---

[3]The interrogative adjective **quel (quelle, quels, quelles)** also means *what*. **Quel (quelle, quels, quelles)** is used when you already know the specific category to which your answer belongs. For example, **Quel est le nom de l'auteur?** (The answer must be an author's name.) **Quelle est leur adresse?** (The answer must be a street address.)

Application ■■■■■■■■■■■■■■■■■■■■■■■■■■■■■■

D. Remplacez les mots en italique.

1. Qu'est-ce qui *se passe?* (est sur la table / t'intéresse / ne va pas / fait ce bruit / s'est passé)
2. Que *cherches-tu?* (veut-il / regardes-tu / font-ils / voulez-vous)
3. Qu'est-ce que *tu cherches?* (vous voulez / Marc aime faire / tu as acheté / vos parents vont regarder)
4. *De* quoi *avez-vous besoin?* (avec . . . écrivez-vous / à . . . vous intéressez-vous / de . . . ont-ils peur / de . . . a-t-elle envie)
5. *Sur* quoi est-ce qu'*on met la bouteille?* (de . . . vous avez besoin / à . . . ils s'intéressent / de . . . tu as peur / avec . . . vous allez travailler)

E. **À la gare.** Voici quelques questions qu'on pourrait entendre à la gare. Utilisez les mots suggérés pour les compléter.

MODÈLE: Vous désirez quelque chose? (qu'est-ce que)
          Qu'est-ce que vous désirez?

1. Vous voulez quelque chose? (qu'est-ce que)
2. Il y a quelque chose qui ne va pas? (qu'est-ce qui)
3. On vous a donné quelque chose? (qu'est-ce que)
4. Vous avez besoin de quelque chose? (de quoi)
5. Il y a quelque chose sur notre siège *(seat)?* (qu'est-ce que)
6. Quelque chose indique le numéro de la voiture? (qu'est-ce qui)
7. Il faut signer quelque chose? (qu'est-ce que)
8. Vous avez laissé votre valise sur quelque chose? (sur quoi est-ce que)

F. **À l'aéroport.** Vous êtes à l'aéroport et vous attendez l'arrivée de quelques amis. En attendant *(while waiting)*, vous entendez des phrases et des questions. Imaginez la suite *(continuation)* des conversations en utilisant les éléments donnés et un pronom interrogatif approprié— **qu'est-ce qui? que? qu'est-ce que? . . . quoi? . . . quoi est-ce que?**

MODÈLE: Vous avez soif? (vous / vouloir boire)
          Qu'est-ce que vous voulez boire?

1. Ah, vous allez à Rome? (vous / faire)
2. Il vous faut quelque chose? (vous / avoir besoin de)
3. Tiens! Il y a beaucoup de monde *(people)* à l'aéroport ce matin. (se passer)
4. Ce pauvre garçon-là est tout pâle et il tremble. (il / avoir peur de)
5. Tu vas à la boutique sous-douane *(duty-free shop)*. (tu / aller acheter)

6. Elle n'a pas bonne mine, ta tante. (ne pas aller)
7. Tu as faim? (tu / vouloir manger)
8. Je m'excuse, Madame. Je n'ai pas bien compris. (vous / chercher)

G. **Pour te connaître un peu mieux (suite).** Vous continuez à poser des questions à un(e) camarade de classe. Cette fois vous utilisez les expressions suggérées et la forme convenable d'un pronom interrogatif qui demande une chose pour réponse **(que, qu'est-ce qui,** ou **quoi).**

MODÈLE: prendre pour le petit déjeuner
     — *Que prends-tu pour le petit déjeuner?* ou:
     — *Qu'est-ce que tu prends pour le petit déjeuner?*
     — *Je prends du jus et des céréales.*
     écrire tes devoirs avec
     — *Avec quoi écris-tu tes devoirs?* ou:
     — *Avec quoi est-ce que tu écris tes devoirs?*
     — *Avec un stylo.*

1. manger pour le déjeuner d'habitude
2. mettre tes livres dans, pour aller à l'école
3. aimer comme films
4. se passer chez toi le dimanche soir
5. porter pour aller en ville
6. avoir besoin de, pour faire tes devoirs
7. t'intéresser davantage *(more)*—la musique ou les sports
8. acheter récemment
9. avoir peur de
10. regarder le plus souvent à la télé

L'arrivée en France

Écoutez la bande que votre professeur va jouer pour vous. En particulier, faites attention aux expressions utilisées pour récupérer des bagages perdus.

En route pour Paris dans un avion Air France, Anne Steele fait la connaissance de deux Français—M. et Mme Maurel. Anne a un peu peur parce que c'est son premier voyage en France et son premier vol en avion. Mais les Maurel lui expliquent ce qu'il faut faire à l'aéroport: aller au contrôle des passeports, récupérer à la livraison des bagages les valises qu'on a enregistrées *(checked),* passer par la douane *(customs).* Enfin, Anne et ses deux compagnons quittent l'avion.

ON S'EXPRIME

Voici quelques expressions pour récupérer des bagages perdus:

—**Vous avez perdu votre sac de voyage (sac à main, sac à dos)?**
—**Oui, je l'ai laissé dans l'avion.**

—**Vous avez perdu votre valise?**
—**Oui, je l'ai enregistrée, mais je ne l'ai pas retrouvée.**

—**Dans quel avion? Sur quel vol?**
—**Air France, vol 060.**

—**De quelle couleur est-il (elle)?**

—**Il (Elle) est bleu(e).**

—**En quelle matière est-il (elle)?**

—**Il (Elle) est en tissu (en cuir [*leather*], en plastique).**

—**Il (Elle) possède des signes distinctifs?**
—**Il (Elle) a une étiquette avec mon nom.**

—**Qu'est-ce qu'il (Elle) contient?**
—**Il (Elle) contient des vêtements (des documents).**

À vous!

H. **L'arrivée à l'aéroport.** Vous expliquez à un(e) ami(e) ce qu'il faut faire quand on arrive à l'aéroport Charles de Gaulle. Utilisez les expressions suivantes, mais rétablissez l'ordre convenable. Employez aussi les expressions **d'abord, ensuite, puis** et **enfin.**

MODÈLE: *D'abord, tu vas quitter l'avion. Puis tu...*

passer par la douane / montrer ton passeport et ton visa / quitter l'avion / prendre le bus Air France pour aller à Paris / aller à la porte 36 / aller à la livraison des bagages / aller au contrôle des passeports / récupérer les valises enregistrées

I. **Vous avez perdu quelque chose?** Expliquez à l'employé(e) que vous avez perdu les bagages illustrés dans les dessins. Puis répondez aux questions de l'employé(e) au sujet de ces bagages. Votre camarade de classe va jouer le rôle de l'employé(e) en s'inspirant des questions suggérées ci-dessous.

Questions de l'employé(e): Qu'est-ce que vous avez perdu? Dans quel avion? (Sur quel vol?) De quelle couleur est-il (elle)? En quelle matière est-il (elle)? Est-ce qu'il (elle) possède des signes distinctifs? Qu'est-ce qu'il (elle) contient?

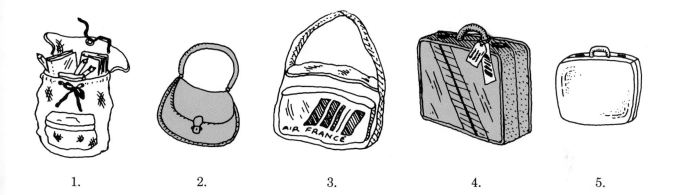

1. 2. 3. 4. 5.

DÉBROUILLONS-NOUS !

Exercice écrit

J. **Je vais te retrouver...** *(I'll meet you . . .)* Your French pen pal is coming to visit you in the United States. He/she will be coming by plane—either flying directly to where you live or changing planes (and going through customs) at a major city before reaching your local airport. In a letter, explain to him/her what to do upon arrival at the airport (in your city and/ or in the major city).

Exercice oral

K. **À l'aéroport.** Play the role of your French pen pal and recount what actually happened when you arrived at the airport in the United States.

Lexique

On s'exprime

Pour voyager en voiture

... est à ... kilomètres de ...
Il faut combien de temps pour aller de ... à ... ?
Il faut (compter) ... heures pour ...
On met combien de temps à faire ... – ... ?
On met ... heures pour ...

Pour récupérer des baggages perdus

contenir des documents (vêtements)	la matière
enregistrer, mais ne pas retrouver	en cuir
laisser dans la cabine	en plastique
un sac à dos	en tissu
une étiquette	un sac de voyage
un sac à main	une valise

Thèmes et contextes

Les voyages en avion

un avion	enregistrer des bagages
la boutique sous-douane	une ligne (aérienne)
le contrôle des passeports	la livraison des bagages
la douane	un vol (à destination de, en provenance de)

Les voyages en voiture

l'autoroute *(f.)* à péage	prendre de l'essence *(f.)*
la carte routière	la route départementale
changer la roue	la route nationale
faire le plein (d'essence)	le service de dépannage
faire ... kilomètres à l'heure	une station-service *(pl.* stations-service)
une panne d'essence (de moteur)	tomber en panne
un pneu (crevé)	

Vocabulaire général

Adjectif

gentil

Autre expression

davantage

Mise au point

Lecture: _Vacances à bicyclette_

Vous êtes en France avec un(e) ami(e). Vous voulez voyager un peu, mais vous n'avez pas envie de voyager seul(e)s. Vous vous intéressez donc à un voyage à vélo organisé. Lisez la brochure qui décrit ce voyage à travers le département du Loiret. Puis faites les exercices qui suivent.

BALADE A TRAVERS LE LOIRET

Référence C 45   7 nuits

Etang en Sologne   MOB - CRTL

Parti d'Orléans, ville qui fête chaque année et d'une façon grandiose la célèbre Jeanne d'Arc, ce circuit vous mènera dans le sud du département. Vous traverserez tout d'abord la forêt d'Orléans qui compte de nombreux petits châteaux, puis vous atteindrez la ville de Briare avec son canal-pont construit sur la Loire jusqu'à Sully-sur-Loire; puis de là, descendez la Loire jusqu'à Gien, ville qui doit sa renommée aux faïences que l'on y fabrique. Vous passerez ensuite à l'extrême nord du département du Loir-et-Cher pour rejoindre ensuite Beaugency où vous retrouverez le fleuve si majestueux qu'est la Loire.

Durée : du samedi au samedi
        et du vendredi au vendredi

Validité : du 24 avril au 24 octobre

Difficultés : ▲

Programme :
1er jour : Arrivée à Orléans vers 16 heures
2ème jour : Orléans – Combreux 40 kms
3ème jour : Combreux – Nogent-sur-Vernisson 43 kms
4ème jour : NOgent-sur-Vernisson – Briare 42 kms
5ème jour : Briare – Sully-sur-Loire via Gien 43 kms
6ème jour : Sully-sur-Loire – La Ferté St Aubin 40 kms
7ème jour : La Ferté St Aubin – Ligny le Ribault 41 kms
8ème jour : Ligny le Ribault – Orléans via Beaugency 43 kms

Accès : – par la route : autoroute ou route nationale
        – en train : gare SNCF dOrléans

Prix par personne :
Base chambre double (2 personnes)   2350FF
Supplément chambre individuelle   395FF

CLASSEMENT DES CIRCUITS

Les circuits proposés sont accessibles à tous et ne présentent pas de difficultés majeures. Ils sont utilisables par toute personne en bonne santé même peu initiée à la pratique du vélo.
Cependant, pour faciliter votre choix, nous avons classé les circuits comme suit :
– Très facile, sans difficultés ▲
– Facile ▲▲
– Circuit pouvant offrir au cours du parcours quelques difficultés ▲▲▲

HOTELS

La majorité des établissements utilisés pour ce type de vacances sont des hôtels deux étoiles et la plupart membres de la chaîne des «Logis et Auberges de France». Le logement est prévu en chambre double dont la quasi totalité possède le confort moderne, soit douche / WC.

VELOS

Pour les personnes utilisant leur propre bicyclette une réduction de 250 FF sera appliquée.

TARIFS

Les tarifs, objets de la présente brochure, s'entendent par personne.

Ils comprennent :
– l'hébergement en demi-pension (chambre, dîner et petit déjeûner)
– le transport des bagages d'hôtel en hôtel
– la location de la bicyclette
– les fiches descriptives journalières et cartes itinéraires
– la documentation touristique
– les frais de dossier

Ils ne comprennent pas :
– les boissons
– les visites
– les repas de midi (panier pique-nique sur demande aux hôteliers)
– la caution du vélo à régler sur place
– le parking du véhicule personnel durant le circuit.

A. **Votre itinéraire.** Suivez, sur la carte de la région, la route que les cyclistes vont suivre.

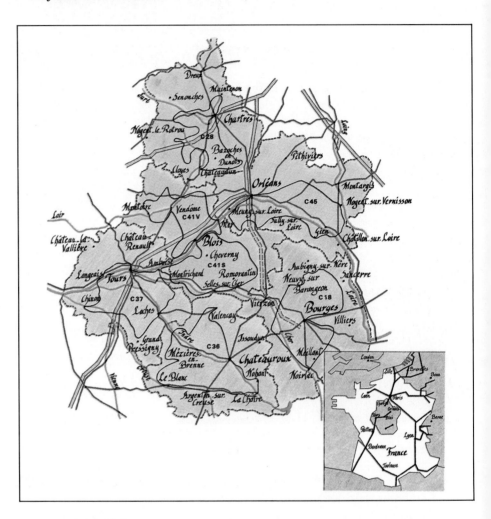

B. **Des renseignements.** Répondez aux questions que votre ami(e) vous pose au sujet de ce voyage.

1. How long does the trip last? How much time would we actually spend on a a bicycle? (Estimate on the basis of distance.)
2. What kind of hotels would we stay in?
3. How much does it cost (in dollars)? What is included?
4. What is not included?
5. What kind of things would we see on this trip?
6. Where would we meet the group? How would we get to the meeting place?

C. **Tout s'est bien passé à l'aéroport!** Gwen Chambers est allée en France pour la première fois. Jouez le rôle de Gwen et racontez comment tout s'est passé sans difficulté à son arrivée à l'aéroport.

MODÈLE: *Nous sommes arrivés à Charles de Gaulle à 7h30 du matin. Je...*

D. **Au dîner.** Vous dînez avec votre famille française. En utilisant les expressions données, formez les questions que posent les différents membres de la famille.

MODÈLE: Le téléphone sonne. Mme Cathelat va répondre. Un peu plus tard elle revient pour annoncer que c'était sa mère. (M. Cathelat: ta mère / vouloir)
Qu'est-ce que ta mère voulait?
ou: *Qu'est-ce qu'elle voulait, ta mère?*

1. Mme Cathelat dit que son frère a eu un accident. (Jacques: se passer)
2. M. Cathelat dit qu'il a reçu une lettre de sa sœur. (Mme Cathelat: ta sœur / avoir besoin de)
3. Jacques dit qu'il va sortir ce soir. (M. Cathelat: tu / faire)
4. Chantal dit qu'elle va passer les vacances au Maroc. (Jacques: on / pouvoir voir au Maroc)
5. Jacques dit qu'il va coucher samedi soir à la plage avec ses copains. (Mme Cathelat: vous / dormir sur)
6. Mme Cathelat dit qu'elle a dépensé beaucoup d'argent au grand magasin. (Chantal: tu / acheter)
7. M. Cathelat dit qu'il n'est pas content de son travail. (Mme Cathelat: ne pas aller bien)
8. Chantal dit qu'elle n'aime pas les langues, qu'elle n'aime pas les sciences, qu'elle n'aime pas les beaux-arts. (Jacques: tu / s'intéresser à)

RÉVISION

In this **Révision,** you will review:
- making plans to travel by train, plane, and car;
- the use of prepositions with geographical expressions;
- the pronoun **y;**
- the use of the subjunctive and the indicative to express doubt and certainity;
- the interrogative pronouns used to ask questions about people and things.

Comment faire des projets pour voyager en train, en avion ou en voiture

E. **Faisons des projets!** Vous êtes à Paris avec un(e) camarade de classe. Vous avez décidé de faire un voyage en Espagne. Il faut maintenant arranger les détails:

- Comment est-ce que vous y allez—en avion, en train, en voiture?
- Combien de temps est-ce que vous allez y passer?
- Quelles villes est-ce que vous allez visiter?

En utilisant les indications données, prenez les décisions nécessaires pour fixer votre itinéraire.

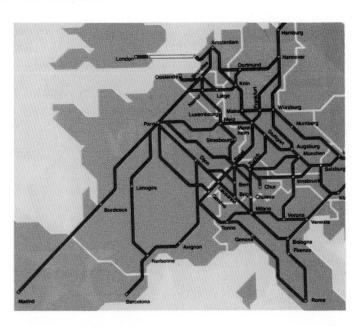

Horaires des trains

Paris–Madrid

départ Paris-Austerlitz	14 24	17 45	20 00
arrivée Madrid	9 02	10 00	16 08
départ Madrid	12 40	18 10	22 05
arrivée Paris-Austerlitz	7 15	10 27	15 57

aller-retour   820F

Paris–Barcelone

départ Paris-Austerlitz	7 38	9 39	21 00
arrivée Barcelone	20 57	23 29	8 37
départ Barcelone	9 40	16 32	20 55
arrivée Paris-Austerlitz	23 49	7 48	8 36

aller-retour   700F

Horaires des avions

Paris–Madrid

départ Paris-Orly	11h05	18h30
arrivée Madrid	12h55	20h20

Madrid–Paris

départ Madrid	9h15	16h45
arrivée Paris-Orly	11h10	18h40

aller-retour   1755F

Les expressions géographiques et les prépositions

	City	Feminine country or masculine country beginning with vowel	Masculine country	Plural country
to, in, at	**à**	**en**	**au**	**aux**
from	**de (d')**	**de (d')**	**du**	**des**

F. **Échange scolaire.** Des jeunes gens venus de plusieurs pays européens se réunissent à Paris avant de partir pour passer l'année dans un grand nombre de pays différents. En lisant les étiquettes qu'ils portent, indiquez pour chaque personne: (a) de quel pays il (elle) vient, (b) dans quelle ville il (elle) va et (c) dans quel pays se trouve cette ville.

1. Michèle Bosquet / Belgique / New York
2. Najip Bouhassoun / Maroc / Londres
3. Louise Hébert / Montréal / Madrid
4. Keke Fleurissant / Haïti / Genève
5. Monique Dupuy / Suisse / Caire
6. Renée Thibault / Québec / Dijon
7. Angèle Kingué / Cameroun / Paris
8. Paul Tauriac / Louisiane / Rome

Le pronom *y*

With **aller:**

> J'**y** vais.

To replace a prepositional phrase indicating location:

> — Elle habite **chez ses grands-parents?**
> — Oui, elle **y** habite.

G. **Quelle coïncidence!** Cet exercice est inspiré de la pièce d'Eugène Ionesco, **La Cantatrice chauve** *(The Bald Soprano)*. Dans une scène de cette pièce, deux personnes, qui se connaissent très bien (ils sont mari et femme), se parlent comme des étrangers *(strangers)*. Complétez le dialogue suivant entre deux voyageurs dans un train en répétant les renseignements donnés par Jacques mais en utilisant le pronom **y.**

MODÈLE: JACQUES: Moi, je vais à Lyon.
               MARCEL: Tiens! *J'y vais aussi.*

1. JACQUES: Je vais descendre à la Gare Lyon-Perrache.
    MARCEL: Ah, oui? Moi aussi, _____.
2. JACQUES: J'ai rendez-vous devant la gare à 4h.
    MARCEL: C'est curieux! Moi aussi, _____.
3. JACQUES: Mon père habite à Lyon.
    MARCEL: Quelle coïncidence! Mon père _____.
4. JACQUES: Mon père travaille chez Simca.
    MARCEL: Que c'est bizarre! Mon père _____.
5. JACQUES: Ma mère est venue à Lyon la semaine dernière.

MARCEL: Tiens! Ma mère aussi, elle ____. Comment est-ce que tu t'appelles?

6. JACQUES: Jacques Dufreigne. Et toi, comment est-ce que tu t'appelles?

MARCEL: Marcel Dufreigne. Tiens! Nous voici à Lyon. Et voilà Maman et Papa!

7. JACQUES: C'est ça! Nous voici à Lyon. Et voilà Maman et Papa! On y va?

MARCEL: Oui, mon frère, ____.

Comment exprimer l'incertitude et le doute, la certitude et la possibilité

Expressions suivies du subjonctif: **il est possible que, il n'est pas possible que, il est impossible que, il est peu probable que, douter que, ne pas penser que**

Il est possible que nous soyons en retard.
Je ne pense pas que vous compreniez très bien.

Expressions suivies de l'indicatif: **il est certain que, il est sûr que, il est évident que, il est clair que, il est vrai que, il est probable que, être certain(e) que, être sûr(e) que, penser que**

Il est évident que tu as un gros problème.
Je suis sûre qu'elle va venir.

H. **Peut-être que oui, peut-être que non.** *(Maybe yes, maybe no.)* Un de vos amis aime beaucoup parler des autres, mais il ne sait pas toujours ce qu'il dit. Utilisez les expressions entre parenthèses pour marquer votre réaction aux commentaires de votre ami. Distinguez entre les expressions suivies du subjonctif et les expressions suivies de l'indicatif.

MODÈLES: Jean va rester en ville pendant les vacances. (il est probable)
Il est probable qu'il va rester en ville.

Sa sœur va acheter une Mercédès. (il est impossible)
Il est impossible qu'elle achète une Mercédès.

1. Monique va aux Antilles cet hiver. (il est possible)
2. Ses parents vont l'accompagner. (je doute)
3. Elle sait faire de la plongée sous-marine. (je ne pense pas)
4. Elle adore nager. (mais non / je pense / avoir peur de l'eau)
5. Philippe ne va pas partir en vacances. (mais si / je suis certain[e])

6. Il va passer huit jours en Suisse. (mais non / il est probable / aller en Allemagne)
7. Il va prendre la voiture de sa sœur. (il n'est pas possible)
8. Elle va lui prêter *(lend)* sa voiture. (il est peu probable)

Les pronoms interrogatifs

Personnes	Choses
Qui va être en retard?	**Qu'est-ce qui** se passe?
Qui cherches-tu? **Qui est-ce que** vous avez vu?	**Que** cherches-tu? **Qu'est-ce que** vous avez vu?
À qui as-tu donné la clé? **Chez qui est-ce que** vous allez passer la nuit?	**De quoi** ont-ils peur? **Avec quoi est-ce qu'**on va faire le dîner?

I. **À table.** Au dîner chez vous, chaque fois qu'on annonce une nouvelle, il y a toujours plusieurs personnes à poser des questions. Utilisez les éléments donnés pour poser ces questions. Distinguez entre les questions qui vont avoir pour réponse **une personne** et les questions qui vont avoir pour réponse **une chose.**

MODÈLE: Je suis allé au grand magasin. (t'accompagner / acheter)
Qui t'a accompagné?
Qu'est-ce que tu as acheté?

1. Pépé et Mémé ont téléphoné. (parler / vouloir)
2. Je vais aller en ville demain. (avoir besoin / faire)
3. Je vais organiser une boum. (inviter / servir comme boisson)
4. Il y a eu un accident. (se passer / être dans la voiture)
5. Nous avons dîné dans un restaurant algérien. (aller / manger)
6. Nous sommes invités à passer le week-end à la campagne. (il faut apporter / dormir chez)
7. Jeanne veut aller en Afrique. (l'accompagner / voir)
8. Cécile est allée en ville ce matin. (faire / rencontrer)

Point d'arrivée

■■■■■■■■■■■■■■■■■■■■■■■■■■■■■■■■■■

Activités orales

J. **Projets de voyage.** You and two friends want to visit some part of France. Plan a one- or two-week trip starting and ending in Paris. Decide what area you want to visit, how you want to travel, and what itinerary you'll follow. Then go to the train station (or the travel agency) and buy your tickets.

K. **Un voyage inoubliable.** *(An unforgettable trip.)* Tell your class about a plane, car, or train trip that you took. Give as many details as you can about the travel itself: how far, how long, any problems, etc.

L. **Le voyage idéal.** You have just won a large sum of money in a lottery and have decided to spend some of it on travel. You can go anywhere you want in the world. Decide which countries you want to visit and why. Then explain your itinerary to other students. They will ask you questions.

M. **Découvrons les États-Unis!** Tell the rest of the class about one or two states that you have visited and know fairly well. Give your reactions to this (these) state(s). As each student talks about a state, you should ask questions and share your ideas with others. Suggestions: locate the state, tell when and how you visited it, mention some things you saw.

Activités écrites

N. **C'est à vous d'organiser le voyage!** Write out the itinerary for the trip that you planned with your classmates in Exercise J. Attach a suggested list of clothing to bring, depending on the season during which you will be traveling.

O. **Un journal de voyage.** When on a trip, travelers often keep a diary, making notes each evening about where they went and what they did that day. Imagine that you are on a one-week trip somewhere in France. Write your diary entries for each day of the trip.

P. **Des cartes postales.** When traveling, you often don't have time to write letters; it is much easier just to send postcards. Imagine that you are on a one-week trip somewhere in France. Each day you send a postcard to your French teacher telling him/her where you are and what you have been doing.

DEUX JEUNES FRANÇAIS

Je m'appelle Giselle Bagnis et j'habite avec ma famille à Marseille, où mon père est avocat. Nous, on passe les vacances à Cassis, un petit village sur la Méditerranée à 25 kilomètres de Marseille. C'est là que nous avons une jolie maison d'été au style provençal. Vous dites que ce n'est pas très loin de chez nous. C'est vrai. Mais le gros avantage, c'est que nous pouvons y aller le week-end aussi. Effectivement, à partir de la saison de Pâques, nous y passons presque tous les week-ends. Puis, dès la fin de l'année scolaire, ma mère, mes deux petits frères et moi, nous nous installons à Cassis. Mon père est obligé de travailler pendant le mois de juillet, mais il y vient le week-end, puis il nous rejoint définitivement début août. C'est vraiment très sympa à Cassis. Le jour on peut nager, jouer au tennis, faire de l'équitation. Le soir il y a beaucoup de jeunes gens aux cafés du port. Et si on veut, on peut aller danser dans une discothèque.

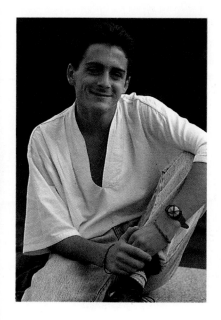

Je m'appelle Raymond Mousset et je suis parisien. Pour moi, les vacances, c'est surtout une époque de voyages. Mes parents travaillent tous les deux dans des bureaux, assis devant un ordinateur. C'est pour ça qu'ils ont toujours envie de se déplacer lorsqu'ils ont du temps libre. Mon père aime beaucoup les sports d'hiver. En décembre et en février, nous allons donc dans les montagnes pour faire du ski. Mais en été, c'est le grand tourisme. Au début, nous avons choisi chaque année une différente région de la France; mon père voulait que ma sœur et moi, nous connaissions bien notre pays. Une année nous avons fait la Bretagne; l'année d'après, l'Alsace; nous avons visité aussi le Périgord, la région autour de Bordeaux et, bien entendu, le Midi. Depuis quelques années, c'est l'étranger: d'abord, l'Espagne; deux fois, l'Italie; et cette année les Pays-Bas. Généralement, c'est très agréable et assez intéressant de voyager avec ma famille. Mais je rêve de partir seul avec des camarades. J'aurai bientôt dix-huit ans et mon copain Joël et moi, nous faisons déjà des projets pour un voyage en Allemagne et en Autriche—vélo, camping, tout ça.

EXPANSION

Et vous?

L. **Êtes-vous comme Giselle et Raymond?** Maintenant vous connaissez un peu Giselle et Raymond. Est-ce que vous avez les mêmes idées à propos des vacances et des voyages? Votre famille, ressemble-t-elle à la famille de Giselle ou à la famille de Raymond? Parlez de ce qui est important pour vous à l'égard des vacances.

le Maroc

le Sénégal

la Grèce

le Québec

Où est-ce qu'on parle français?

l'Espagne